Schöning · Bilanzieren leicht gemacht

Dr. Hans Schöning

BILANZIEREN LEICHT GEMACHT

– Ein praktischer Ratgeber mit zahlreichen Beispielen von der Eröffnungs- zur Schlußbilanz
– Sichere Bewertung der Positionen des Jahresabschlusses

1. Auflage 1981

WEKA-VERLAG Fachverlag für Verwaltung und Industrie

1. Auflage 1981

CIP-Kurztitelaufnahme der Deutschen Bibliothek

Schöning, Hans:

Bilanzieren leicht gemacht: e. prakt. Ratgeber mit zahlr. Beispielen von d. Eröffnungs- und Schlußbilanz; sichere Bewertung d. Positionen d. Jahresabschlusses/Hans Schöning. — 1. Aufl. —
Kissing: WEKA-VERLAG, Fachverlag für Verwaltung u. Industrie, 1981.
(Neue Methoden betriebswirtschaftlicher Praxis)
ISBN 3-8111-3065-X

Telefon (08233) 5051, Telex 5 33 287 weka d

Satz: optiservice Graphischer Betrieb GmbH, München
Druck: DD-druck Aalen
Umschlaggestaltung: B. Stiegler, Augsburg
Printed in Germany 1981
ISBN 3-8111-3065-X

Inhalt

Allen Kapiteln ist eine Inhaltsübersicht vorangestellt.

Vorwort

Einführende Lehrbücher in das betriebliche Rechnungswesen gibt es in großer Zahl. Der größte Teil ist auf den Unterricht an Berufsschulen, Berufsfachschulen usw. zugeschnitten und räumt der übenden Anwendung zu Recht einen breiten Raum ein. Dieses Buch geht einen anderen Weg. Es richtet sich vornehmlich an den Praktiker, der nicht ständig mit Buchführung und Bilanzen zu tun hat, aber als im Wirtschaftsleben verantwortlich Tätiger auf die Hilfe des Rechnungswesens nicht verzichten kann. So wird der Gewinn als Richtgröße erfolgreichen Wirtschaftens zum Ausgangspunkt der Darstellung gewählt — bei einfacher und doppelter Buchführung. Nach einem praktischen Geschäftsgang von der Eröffnungsbilanz zur Schlußbilanz wird die Bilanzierung und Bewertung wesentlicher Posten des Jahresabschlusses aufgezeigt. Auch wenn die Grundsätze ordnungsmäßiger Buchführung und die Bilanzierungsgrundsätze eingehalten werden, ist keine Unternehmung vor einer finanzamtlichen Betriebsprüfung sicher. »Das Finanzamt prüft Bücher und Jahresabschlüsse«, heißt ein besonderer Abschnitt. Er zeigt anschaulich und praxisgerecht Rechtsgrundlagen, Verfahren und Folgen dieser Prüfung. Für viele praktische Anregungen aus der Wirtschafts- und Steuerberatung danke ich meinem langjährigen Freund, Herrn Steuerberater Diplom-Kaufmann Heinz Runge, und seinem Sozius, Herrn Steuerberater Diplom-Kaufmann Heiner Kaysser.

Hamburg, im Februar 1981 *Dr. Hans Schöning*

1 Gewinn oder Verlust — Richtgröße erfolgreichen Wirtschaftens

Inhaltsübersicht

1.1 Gewinn als Einnahme — Überschuß (einfache Buchführung)

Inhaber von kleinen Handels- und Handwerksbetrieben, aber auch Freiberufler messen den wirtschaftlichen Erfolg eines einzelnen Geschäftstages häufig an dem Überschuß in der Geschäftskasse:

Wieviel habe ich heute eingenommen?
Wieviel habe ich heute ausgegeben?
Was ist als Gewinn des Tages übriggeblieben?

Für den einzelnen Tag läßt sich der Gewinn schnell und einfach ermitteln. Der wirtschaftliche Erfolg des Tages liegt abends in der Tageskasse als Kassenbestandsmehrung bzw. wird auf dem Bank- und/oder Postscheckkonto ausgewiesen. Umgekehrt bedeutet es, mit Verlust gewirtschaftet zu haben, wenn die betrieblichen Ausgaben die betrieblichen Einnahmen übersteigen.

Nach Ablauf des Kalenderjahres — das Wirtschaftsjahr deckt sich bei der einfachen Buchführung immer mit dem Kalenderjahr, ausgenommen bei Gründung und Auflösung während eines Kalenderjahres — erfolgt die Gewinnermittlung als reine Geldrechnung in Form des Überschusses der betrieblichen Einnahmen über die betrieblichen Ausgaben:

Betriebseinnahmen des Kalenderjahres	124.720,00 DM
./. Betriebsausgaben des Kalenderjahres	91.545,00 DM
Gewinn des Kalenderjahres	33.175,00 DM

Diese sehr vereinfachte Gewinnermittlung unterstellt, daß die Vermögensschwankungen bei den Kleingewerbetreibenden und bei den Angehörigen der freien Berufe unbedeutend sind und daher außer Betracht bleiben können.

Als Betriebseinnahmen sind nur die in dem jeweiligen Kalenderjahr dem Unternehmen geldlich zugeflossenen Beträge anzusetzen. Forderungen aus Warenverkäufen werden erst mit der Zahlung durch die Kunden zu Betriebseinnahmen. Betriebseinnahmen sind ebenfalls die aus Hilfs-und Nebengeschäften resultierenden Einnahmen, wie zum Beispiel aus der Inzahlunggabe eines gebrauchten Geschäftswagens beim Kauf eines neuen Fahrzeugs; es genügt ein mittelbarer Zusammenhang zum Betrieb. Zu den Betriebseinnahmen gehören Abschlagzahlungen ebenso wie die Entnahme von Waren für private Zwecke des Unternehmers. Da sich der Wareneinkauf mit der Zahlung als Betriebsausgabe auswirkt, wird durch die Behandlung der Entnahme als Betriebseinnahme der ursprüngliche Zweck der Betriebsausgabe aufgehoben.

Die Einnahme — Überschußrechnung ist nur in einem Punkt keine reine Geldrechnung. Ein Beispiel zur Verdeutlichung: Ein Kleingewerbetreibender erwirbt einen Lieferwagen für 32.000 DM und zahlt den Betrag durch Bankscheck. Obwohl der Geldbetrag für dieses Geschäftsfahrzeug in voller Höhe abgeflossen ist, darf nur die auf das einzelne Jahr der Nutzung entfallende Absetzung für Abnutzung (AfA) als Betriebsausgabe berücksichtigt werden. Die Umsatzsteuer auf die vom Unternehmer bewirkten Lieferungen und sonstigen Leistungen gehört zu den Betriebseinnahmen. Dementsprechend sind gezahlte Vorsteuerbeträge (einschließlich der Einfuhrumsatzsteuer) grundsätzlich als Betriebsausgaben zu behandeln. Dabei ist unerheblich, ob der Unternehmer zum Vorsteuerabzug berechtigt ist oder nicht. Unerheblich ist ferner, ob der Unternehmer seine Umsätze der Regelbesteuerung unterwirft oder als Kleinunternehmer unter die Bestimmung des § 19 UStG fällt. Die Umsatzsteuer — Zahllast ist als Betriebsausgabe abzugsfähig.

Welchen Unternehmern ist es gestattet, den Gewinn als Richtgröße erfolgreichen Wirtschaftens in dieser vereinfachten Weise, also durch Einnahme — Überschußrechnung zu ermitteln? Die Antwort muß heißen: Generell allen Unternehmern, die weder nach handels- noch nach steuerrechtlichen Vorschriften zur doppelten Buchführung verpflichtet sind und auch nicht freiwillig ihren Gewinn/Verlust durch doppelte Buchführung ermitteln. Konkret gesprochen sind es:

a) Alle Freiberufler, wie Ärzte, Anwälte, Steuerberater u.a.
b) Gewerbetreibende, die weder im Handelsregister eingetragen sind, also keine Kaufleute im Sinne des Handelsrechts sind noch unter die Buchführungspflicht nach Steuerrecht fallen.

Nach § 141 Abgabenordnung (AO) besteht auch für Nichtkaufleute (gewerbliche Unternehmer) die Verpflichtung zur doppelten Buchführung, wenn für den einzelnen Betrieb

a) ein Umsatz von mehr als 360.000 DM im Kalenderjahr oder
b) ein Gewinn aus Gewerbebetrieb von mehr als 24.000 DM im Wirtschaftsjahr oder
c) ein Betriebsvermögen von mehr als 100.000 DM vorliegt.

In dem kleinen Rechenbeispiel weiter oben war ein Gewinn aus Gewerbebetrieb durch Einnahme — Überschußrechnung in Höhe von 33.175 DM erzielt worden. Wie verträgt sich das mit den in § 141 AO aufgezählten Grenzen? Es ist doch ein Gewinn von mehr als 24.000 DM erwirtschaftet worden! Müßte nicht ein Wechsel zur doppelten Buchführung erfolgen? Dazu bestimmt § 141 Abs. 2 AO folgendes: »Die Verpflichtung nach Absatz 1 (Anmerkung: Verpflichtung zur doppelten Buchführung) ist vom Beginn des Wirtschaftsjahres an zu erfüllen, das auf die Bekanntgabe der Mitteilung folgt, durch die die Finanzbehörde auf den Beginn dieser Verpflichtung hingewiesen hat. Die Verpflichtung endet mit dem Ablauf des Wirtschaftsjahres, das auf das Wirtschaftsjahr folgt, in dem die Finanzbehörde feststellt, daß die Voraussetzungen nach Absatz 1 nicht mehr vorliegen.« Reicht der Unternehmer im folgenden Kalenderjahr eine Steuererklärung mit dem Gewinn aus Gewerbebetrieb in Höhe von 33.175 DM dem Finanzamt ein, wird das Finanzamt auf die Verpflichtung zur doppelten Buchführung aufgrund § 141 AO hinweisen; mit Beginn des folgenden Kalenderjahres ist der Gewerbetreibende zur doppelten Buchführung verpflichtet.

Was bedeutet das?

1.2 Gewinn in der doppelten Buchführung

Einem weitverbreiteten Irrtum soll entgegengetreten werden: Einfache Buchführung hat nichts mit »einfachem Buchen«, doppelte Buchführung nichts mit »doppeltem Buchen« zu tun. In der einfachen Buchführung wird der Gewinn nur einmal ermittelt, und zwar durch die Einnahme — Überschußrechnung. Eine zweite Rechnung, gewissermaßen als Kontrollrechnung, fehlt. Aufgrund der doppelten Buchführung wird der Gewinn zweimal berechnet, einmal durch die Bilanz, ein zweites Mal durch die Gewinn- und Verlustrechnung. Sie werden vielleicht einwenden, die doppelte Gewinnermittlung habe aber das doppelte Buchen — im Soll und im Haben — zur Voraussetzung. Stimmt! Aber auch bei der einfachen Buchführung gibt es Geschäftsvorgänge mit doppelter Buchung; zum Beispiel wird das Abheben von Bankguthaben und Einlegen in die Geschäftskasse zweimal gebucht: Die Bankabhebung erscheint auf dem Bankauszug (die geordnet abgelegten Bankauszüge stellen das Bankbuch dar), die Einlage in die Geschäftskasse ist im Kassenbuch zu registrieren. Der wesentliche Unterschied zwischen einfacher und doppelter Buchführung liegt somit in der Anzahl der Gewinnermittlungsrechnungen: Durch die einfache Buchführung wird der Gewinn einmal (Einnahme — Überschußrechnung) berechnet, bei der doppelten zweimal, d.h. durch Bilanz und durch Gewinn- und Verlustrechnung.

1.2.1 Gewinn als Vermögensmehrung

Wir betrachten das Eigenkapital einer Einzelunternehmung in seiner Entwicklung vom Anfangsbestand über die Veränderungen durch private Entnahmen (Eigenkapitalminderungen), private Einlagen (Eigenkapitalmehrungen) und durch die Gewinngutschrift (Eigenkapitalmehrung) bis hin zum Bestand des Eigenkapitals am Ende dieses Wirtschaftsjahres. Das Eigenkapitalkonto zeigt dieses Bild:

Soll		Eigenkapitalkonto	Haben
	DM		DM
Privatentnahmen	36.000	Stand 1.1.	121.480
Stand 31.12.	153.176	Privateinlagen	14.712
		Gewinn	52.984
	189.176		189.176

Bei jedem abgeschlossenen Konto stimmen die linke (Soll) und die rechte (Haben) Seite betragsmäßig überein. Das gestattet, das Konto mit seinen Einzelposten auch als Gleichung darzustellen:

36.000 DM + 153.176 DM = 121.480 DM + 14.712 DM + 52.984 DM

oder allgemein formuliert:

Privatentnahmen + Endkapital = Anfangskapital + Privateinlagen + Gewinn

Diese Gleichung wird nach der Größe »Gewinn« aufgelöst; das ergibt:

Gewinn	=	Eigenkapital am Ende des Jahres
	./.	Eigenkapital am Anfang des Jahres
	+	Privatentnahmen
	./.	Privateinlagen

Probe für das oben dargestellte Eigenkapitalkonto:

Eigenkapital 31.12.	:	153.176 DM
./. Eigenkapital 1.1.	:	121.480 DM
		31.696 DM
+ Privatentnahmen	:	36.000 DM
		67.696 DM
./. Privateinlagen	:	14.712 DM
Gewinn	:	52.984 DM

Setzen wir für das »Eigenkapital« den steuerlichen Begriff »Betriebsvermögen«, wird die gesetzliche Begriffsbestimmung des Gewinns nach § 4 Abs. 1 Satz 1 EStG (Einkommensteuergesetz) verständlich: »Gewinn ist der Unterschiedsbetrag zwischen dem Betriebsvermögen am Schluß des Wirtschaftsjahres und dem Betriebsvermögen am Schluß des vorangegangenen Wirtschaftsjahres, vermehrt um den Wert der Entnahmen und vermindert um den Wert der Einlagen.« Das Betriebsvermögen am Schluß des Wirtschaftsjahres ist dabei gleichzusetzen mit dem Betriebsvermögen am Anfang des folgenden Wirtschaftsjahres.

Nach dieser gesetzlichen Begriffsbestimmung ist Gewinn die Veränderung (Vermehrung oder Verringerung) des Betriebsvermögens während eines Wirtschaftsjahres unter Neutralisierung privater Vorgänge (Privatentnahmen, Privateinlagen) und unter der Voraussetzung, daß alle geldwerten Zuflüsse, die Betriebseinnahmen darstellen, das Betriebsvermögen erhöht und nur solche Aufwendungen, die Betriebsausgaben sind, das Betriebsvermögen gemindert haben.

Diese Gewinnermittlung durch Vermögensbestandsvergleich beruht auf der strengen Trennung zwischen betrieblichem und privatem Vermögen des Unternehmers. Mit anderen Worten: Das Vermögen eines Unternehmers (Gewerbetreibender, Freiberufler, Land- und Forstwirt) ist danach zu unterscheiden, ob es betrieblichen (erwerbswirtschaftlichen) oder privaten (konsumtiven) Zwecken dient. Das erstgenannte Vermögen muß in der Bilanz ausgewiesen werden. Für das Privatvermögen dagegen besteht ein Bilanzierungsverbot; das Privatvermögen darf die betriebliche Vermögensvermehrung nicht beeinflussen.

Theoretisch ist für die Gewinnermittlung durch Betriebsvermögensvergleich nur erforderlich, daß der Unternehmer zum einen zu Beginn und am Ende des Wirtschaftsjahres die betrieblichen Vermögenswerte aufzeichnet und bewertet, davon die betrieblichen Schulden abzieht und das Eigenkapital als Saldo ermittelt. Zum zweiten müßte der Unternehmer während des Wirtschaftsjahres lediglich die Privatentnahmen und Privateinlagen aufzeichnen und könnte nun nach Ablauf des Wirtschaftsjahres den Gewinn ohne Buchführung ermitteln. Wir hätten es dann wieder nur mit einer einfachen Buchführung zu tun; denn der Gewinn würde nur einmal ermittelt, hier durch Vermögensbestandsvergleich. So einfach auch dieses Verfahren ist, es hätte zwei wesentliche Nachteile, einen mehr formalen und einen materiellen: Erstens fehlte die Kontrollrechnung; zweitens zeigte der Gewinn als Vermögensmehrung dem Unternehmer nicht die Ursachen seines Gewinns bzw. Verlustes. Für den Gewinn als Richtgröße wirtschaftlichen Handelns kommt es dem Unternehmer aber gerade darauf entscheidend an. Aus diesen Überlegungen ist in der Praxis eine doppelte Buchführung unerläßlich. Sie weist den Gewinn einmal als Vermögensmehrung in der Bilanz und zum zweiten als Überschuß der Erträge über die Aufwendungen in der Gewinn- und Verlustrechnung aus.

1.2.2 Gewinn als Überschuß der Erträge über die Aufwendungen

Um das Zusammenwirken von Bilanz und Gewinn- und Verlustrechnung zu veranschaulichen, aber auch, um die Gewinn- und Verlustrechnung von der Einnahme — Überschußrechnung abzugrenzen, soll ein einfaches praktisches Beispiel gewählt werden. Dabei wird auf die oben verwendeten Zahlen zurückgegriffen:

Aktiva — Bilanz auf den 31.12. Vorjahr — Passiva

Aktiva	DM	Passiva	DM
Lieferwagen	32.000	Eigenkapital	121.480
Waren	53.900		
Geldbestände	35.580		
	121.480		121.480

Geschäftsvorfälle des laufenden Wirtschaftsjahres (vereinfachend ohne Umsatzsteuer):

	DM
Wareneinkäufe	69.700
davon am 31.12. des Wj noch nicht bezahlt	10.310
Warenverkäufe	147.980
davon am 31.12. des Wj noch nicht bezahlt	23.260
bezahlte Fuhrparkkosten	12.790
bezahlte Miete für Geschäftsräume	6.000
bezahlte Betriebssteuern	5.365
geldliche Privatentnahmen	36.000
geldliche Privateinlagen	14.712
Abschreibung auf Lieferwagen	8.000
Warenbestand am 31.12. lt. Inventur	60.759

Nach diesen Geschäftsvorgängen läßt sich der Geldbestand am Ende des Wirtschaftsjahres wie folgt berechnen:

	DM
Anfangsbestand lt. Vorjahresschlußbilanz	35.580
+ Barverkäufe	124.720
	160.300
./. Bareinkäufe	59.390
	100.910
./. bezahlte Fuhrparkkosten	12.790
./. bezahlte Miete für Geschäftsräume	6.000
./. bezahlte Betriebssteuern	5.365
	76.755
+ Privateinlagen	14.712
	91.467
./. Privatentnahmen	36.000
Geldbestand am 31.12. des Wirtschaftsjahres	55.467

Die Schlußbilanz auf den 31.12. des Wirtschaftsjahres weist folgende Posten aus:

Aktiva **Schlußbilanz auf den 31.12. des Wirtschaftsjahres** **Passiva**

	DM		DM
Lieferwagen	24.000	Eigenkapital	153.176
Waren	60.759	Verbindlichkeiten	10.310
Forderungen	23.260		
Geldbestände	55.467		
	163.486		163.486

Gewinnermittlung durch Vermögensbestandsvergleich:

Betriebsvermögen am 31.12. des Wj	153.176
./. Betriebsvermögen am Ende des vorangegangenen Wirtschaftsjahres	121.480
Vermögensmehrung	31.696
+ Privatentnahmen	36.000
	67.696
./. Privateinlagen	14.714
Gewinn des Wirtschaftsjahres	52.984

Dazu die Gewinn- und Verlustrechnung:

Gewinn- und Verlustrechnung für die Zeit vom 1.1. bis zum 31.12. des Wirtschaftsjahres

Aufwendungen	DM		**Erträge** DM
Waren 1.1.	53.900	Warenverkäufe	147.980
Einkäufe	69.700		
	123.600		
Waren 31.12	60.759		
Wareneinsatz	62.841		
Fuhrparkkosten (inkl. AfA)	20.790		
Geschäftsmiete	6.000		
Betriebssteuern	5.365		
Gewinn	52.984		
	147.980		147.980

Es liegt rechnerische Übereinstimmung zwischen dem in der Bilanz und in der Gewinn- und Verlustrechnung ausgewiesenen Gewinnbetrag vor. Diese Kontrolle fehlt bei der einfachen Gewinnermittlung (einfache Buchführung). Anders als die Gewinnermittlung durch Betriebsvermögensvergleich zeigt die Gewinnermittlung durch Gewinn- und Verlustrechnung, welche Ertrags- und welche Aufwandsgrößen in welchem Maße den Gewinn beeinflußt haben, für den Unternehmer eine wichtige Kontrolle seiner unternehmerischen Dispositionen.

Im Gegensatz zur Einnahme- Überschußrechnung wirken sich in der Gewinn- und Verlustrechnung Vermögensschwankungen aus, was insbesondere an der Entwicklung der Aufwandsposition »Wareneinsatz« deutlich wird. Bei der Einnahme- Überschußrechnung sind nur geldliche Ausgaben (mit der Sonderregelung für Absetzungen für Abnutzungen) Betriebsausgaben und geldliche Einnahmen Betriebseinnahmen. Forderungen und Verbindlichkeiten bleiben solange ohne Gewinnauswirkung, bis sie zu geldlichen Einnahmen bzw. Ausgaben werden.

Zum Vergleich wird die Einnahme- Überschußrechnung aus den oben dargestellten Geschäftsvorgängen abgeleitet:

I.	**Betriebseinnahmen**	DM
	Warenbarverkäufe	124.720
II.	**Betriebsausgaben**	
	Warenbareinkäufe	59.390
	Fuhrparkkosten (inkl. Absetzung für Abnutzung!)	20.790
	Geschäftsmiete	6.000
	Betriebssteuern	5.365
		91.545
III.	**Gewinn des Wirtschaftsjahres**	33.175
		124.720

Da in der Einnahme- Überschußrechnung Vermögensschwankungen außer acht bleiben, macht diese Rechnung nicht in dem Maße wie die Gewinn- und Verlustrechnung das »wirtschaftliche« Ergebnis des Wirtschaftsjahres deutlich.

Wie groß ist die rechnerische Differenz zwischen den Gewinnen aufgrund einfacher und doppelter Buchführung, und wie ist der Unterschiedsbetrag zu erklären?

Gewinn lt. doppelter Buchführung	52.984 DM
Gewinn lt. einfacher Buchführung	33.175 DM
Unterschiedsbetrag	19.809 DM

Die Wareneinkäufe wirken sich bei der Einnahme- Überschußrechnung nur insoweit gewinnerhöhend aus, wie Gelder dafür in dem Wirtschaftsjahr eingegangen sind. Umgekehrt sind die als Verbindlichkeiten ausgewiesenen offenen Rechnungen für Wareneinkäufe noch keine Betriebsausgaben. Daraus folgt der nachstehende Rechenschritt, um von den 52.984 DM auf die 33.175 DM zu gelangen:

Gewinn lt. doppelter Buchführung	52.984 DM
./. Forderungen am 31.12. des Wirtschaftsjahres	23.260 DM
	29.724 DM
+ Verbindlichkeiten am 31.12. des Wj	10.310 DM
	40.034 DM

Die Wareneinkäufe für den am 1.1. des Wirtschaftsjahres ausgewiesenen Warenbestand hatten sich bereits bei der Einnahme- Überschußrechnung gewinnmindernd ausgewirkt, also

+ Warenbestand am 1.1. des Wirtschaftsjahres	53.900 DM
	93.934 DM

und entsprechend

./. Warenbestand am 31.12. des Wirtschaftsjahres	60.759 DM
Gewinn bei einfacher Buchführung	33.175 DM

Je nach Höhe dieser Posten, wie Warenbestände, Forderungen aus Lieferungen und Leistungen, Verbindlichkeiten aus Lieferungen und Leistungen usw., die sich auf das Ergebnis der doppelten Buchführung auswirken, nicht dagegen auf das Ergebnis der einfachen Buchführung, weichen die Gewinne aus den beiden Gewinnermittlungsarten voneinander ab. In dem gewählten Beispiel ist der Gewinn bei doppelter Buchführung größer. Selbstverständlich ist auch der umgekehrte Fall denkbar: Wenn in einem Wirtschaftsjahr sämtliche Warenverkäufe bezahlt worden sind und Betriebseinnahmen und Erträge somit übereinstimmen, jedoch am Jahresende zum Beispiel noch offene Posten für Geschäftsmiete, Reparaturen u.ä. vorliegen, so wären das für die doppelte Buchführung gewinnmindernde Aufwendungen, für die einfache Buchführung noch keine gewinnmindernden Betriebsausgaben. In dem Fall wäre der Gewinn aufgrund einfacher Buchführung größer als aufgrund einer Bilanz und Gewinn- und Verlustrechnung (doppelter Buchführung).

Somit läßt sich als entscheidenden Unterschied herausstellen, daß die Ertrags- und Aufwandsposten bei doppelter Buchführung dem einzelnen Wirtschaftsjahr nach wirtschaftlicher Zugehörigkeit, bei einfacher Buchführung nach geldlicher Zugehörigkeit zugerechnet werden. Damit sind im Regelfall Gewinnunterschiede für das einzelne Jahr verbunden. Die Summe der in den einzelnen Wirtschaftsjahren erzielten Gewinne/Verluste ist — bezogen auf die gesamte Lebensdauer der Unternehmung — bei beiden Gewinnermittlungsarten gleich groß. Ein formaler Unterschied besteht zwischen einfacher und doppelter Buchführung (Gewinnermittlung) in der Tatsache, daß die einfache Buchführung den Gewinn nur einmal, also ohne Kontrolle, ermittelt. Bei der doppelten Buchführung besteht diese Kontrolle in der Übereinstimmung des in der Bilanz und in der Gewinn- und Verlustrechnung ausgewiesenen Gewinns bzw. Verlustes. Dieser doppelte Gewinnausweis wird bei der doppelten Buchführung am sichtbarsten in dem Hauptabschlußübersichtsbogen, der auch die Bezeichnung »Abschlußübersicht«, bzw. »Betriebsübersicht« trägt.

1.2.3 Das Prinzip der Doppik im Spiegel der Abschlußübersicht

Bei der geringen Anzahl der Bilanzpositionen (Bestandskonten) und Posten der Gewinn- und Verlustrechnung (Erfolgskonten) in dem oben behandelten Beispiel läßt sich der Weg von der Eröffnungsbilanz über die auf Konten gebuchten Geschäftsvorfälle bis zum Jahresabschluß (Bilanz, Gewinn- und Verlustrechnung) leicht verfolgen. Die Vielzahl von Geschäftsvorfällen eines Wirtschaftsjahres verlangt jedoch, nach der Buchung der laufenden Geschäftsvorgänge und Aufrechnung der Konten einen Hauptabschlußübersichtsbogen einzuschalten. Diese Betriebsübersicht umfaßt in der Regel sechs Spalten bzw. acht Spalten, welche auch die Bezeichnung »Bilanzen« tragen. Es sind die

Eröffnungsbilanz,
Umsatzbilanz,
Summenbilanz,

} bei 6 Spalten wird mit der Summenbilanz begonnen

Saldenbilanz I,
Umbuchungsbilanz,
Saldenbilanz II,
Inventurbilanz und
Erfolgsbilanz. (Siehe Beispiel Seite 25)

Nach den Inventurarbeiten wird die Betriebsübersicht in folgender Weise in diesen Bilanzen erstellt: sämtliche Beträge auf den Soll- und Habenseiten der Bestands- und Erfolgskonten werden addiert, wobei die Anfangsbestände auf den Bestandskonten (Bilanzkonten) nicht mitgerechnet werden. Diese Anfangsbestände erscheinen in der Eröffnungsbilanz in vertikaler Anordnung (vgl. den Hauptabschlußübersichtsbogen). Die während des Wirtschaftsjahres auf den Konten vorgenommenen Buchungen werden jeweils in einer Soll- und einer Habensumme rechts daneben als Umsatzbilanz ausgewiesen. Da bei allen Buchungen stets Soll = Haben ist, muß die Addition aller Sollposten mit der Habensumme aller Konten übereinstimmen. In dem dargestellten Beispiel beläuft sich diese Summe auf 292.547 DM.

Die 3. Bilanz der Betriebsübersicht ist die Summenbilanz, d.i. die Summe der Sollposten und der Habenposten aus der Eröffnungsbilanz und der Umsatzbilanz. Im Beispiel schließt die Summenbilanz mit einem Betrag in Höhe von 414.027 DM. Bei den Erfolgskonten ändern sich die Zahlen in der Summenbilanz gegenüber der Umsatzbilanz nicht, da die Erfolgskonten im Gegensatz zu den Bestandskonten keine Vorträge haben.

Die sich rechts an die Summenbilanz anschließende Saldenbilanz I übernimmt die Salden aus der Summenbilanz. Im Gegensatz zu den Konten steht der Saldo auf der wertmäßig stärkeren Seite. Auch die Summen der Soll- und Habensalden müssen übereinstimmen. Im Beispiel stellt sich die Saldensumme auf 294.482 DM.

Die Umbuchungsbilanz bereitet bestimmte Konten für den Abschluß vor (vorbereitende Abschlußbuchungen). In dem Beispiel wird die Abschreibung auf den Lieferwagen in Höhe von 8.000 DM auf das Konto »Fuhrparkkosten« umgebucht. Ferner werden die Konten »Privateinlagen« und »Privatentnahmen« auf das Eigenkapitalkonto abgeschlossen.

In der Saldenbilanz II werden die Kontenänderungen durch diese vorbereitenden Abschlußbuchungen berücksichtigt. Danach wird eine Aufteilung der Salden dieser Bilanz auf die Inventur- und die Erfolgsbilanz vorgenommen. Der Saldo auf dem Warenkonto in Höhe von 123.600 DM wird aufgeteilt in den Warenbestand am 31.12. dieses Wirtschaftsjahres in Höhe von 60.759 DM; (dieser Betrag wird in der Inventurbilanz ausgewiesen); sowie in den Wareneinsatz in Höhe von 62.841 DM, der in die Erfolgsbilanz übernommen wird.

Die Inventurbilanz weist die Salden der Bestandskonten aus, die mit den durch die Inventur ermittelten Posten betragsmäßig übereinstimmen müssen. Hier wird deutlich, daß die Bilanz aufgrund der Inventur erstellt wird. Die Umbuchungen passen lediglich die Werte der Buchhaltung den Inventarwerten an. Die Inventurbilanz schließt auf der Sollseite mit einem Betrag von 163.486 DM, auf der Habenseite mit einem Betrag von 110.502 DM. Da die Privateinlagen und Privatentnahmen bereits in der Umbuchungsbilanz auf das Eigenkapitalkonto übernommen wurden, ist der Unterschiedsbetrag in Höhe von 52.984 DM die Vermögensmehrung, d.h. der Gewinn dieses Wirtschaftsjahres.

Die Erfolgsbilanz übernimmt die Aufwendungen und Erträge aus der Saldenbilanz II. Bei Erträgen in Höhe von 147.980 DM und Aufwendungen in Höhe von 94.995 DM ergibt sich gleichfalls ein Gewinn in Höhe von 52.984 DM.

Der Gewinn aufgrund der Inventurbilanz und aufgrund der Erfolgsbilanz stimmen überein. Diese Übereinstimmung des Gewinns durch beide Rechnungen ist Folge des Prinzips der »Doppik«, das allein durch die doppelte Buchführung verwirklicht werden kann. Im Gegensatz zum Gewinn aufgrund der Inventurbilanz (Betriebsvermögensvergleich) zeigt die Gewinnermittlung durch Gewinn- und Verlustrechnung Anzahl, Art und Bedeutung der gewinnverursachenden Faktoren.

Lfde. Nr.	Geldsorte	Betrag	Verfalltag		Bezogener		Ausstellung			
			Monat	Tag	Name	Ort	Monat	Tag	Aussteller	Ausstellungsort
Besitzwechsel										
1	DM	10000	Juni	24	Schröder OHG	Hamburg	März	24	Breckat GmbH	Elmshorn →
2										
Schuldwechsel										
1	DM	4000	Sept	1	Dom & Co KG	x-hausen	Juni	1	Fa Vagro AG	Hamburg ⇒

Order	Eingang				Ausgang				Bemerkungen
	Monat	Tag	Von wem erhalten	Seite	Monat	Tag	An wen gegeben	Seite	
Besitzwechsel									
→ eigene	April	4	Breckat GmbH, zahlbar Diskonto Elmshorn		Juni	16	Hasparr-Kreditbank x-hausen		eingelöst
Schuldwechsel									
⇒ eig.					Juni	1	Herrn Hansi i. Fa Vagro, Hbg		prolongiert um 3 Monate

1.2.4 Zwischenwiederholung in zehn Thesen

— Für Gewerbetreibende und Freiberufler unterscheiden wir einfache und doppelte Buchführung.

— Die einfache Buchführung ermittelt den Gewinn eines Wirtschaftsjahres nur einmal (Einnahme-Überschußrechnung), die doppelte Buchführung zweimal (Bilanz; Gewinn- und Verlustrechnung).

— In der Einnahme-Überschußrechnung werden geldliche Betriebseinnahmen und geldliche Betriebsausgaben gegenübergestellt. Zu den Betriebsausgaben gehören auch die Absetzungen für Abnutzungen; ansonsten bleiben Vermögensveränderungen unberücksichtigt.

— Bei der einfachen Buchführung zählen Umsatzsteuer auf die vom Unternehmer bewirkten Lieferungen und sonstigen Leistungen zu den Betriebseinnahmen, gezahlte Vorsteuern und die Umsatzsteuer-Zahllast zu den Betriebsausgaben.

— In der doppelten Buchführung zeigt sich der Gewinn in der Bilanz als Betriebsvermögenszuwachs, vermindert um den Wert der Privateinlagen und vermehrt um den Wert der Privatentnahmen.

— Privatvermögen des Unternehmers darf die betriebliche Vermögensmehrung bzw. -minderung nicht beeinflussen.

— Der Gewinn aufgrund der Bilanz und aufgrund der Gewinn- und Verlustrechnung bestätigen sich rechnerisch gegenseitig (Prinzip der Doppik).

— Inventurbilanz und Erfolgsbilanz des Hauptabschlußübersichtsbogens zeigen das Prinzip der Doppik besonders anschaulich.

— Der Gewinn in der Gewinn- und Verlustrechnung zeigt mit den Aufwendungen und Erträgen, die dem Wirtschaftsjahr wirtschaftlich zuzurechnen sind, Art, Anzahl und Bedeutung der gewinnbeeinflussenden Faktoren.

— Die Ergebnise für dasselbe Wirtschaftsjahr einer Unternehmung aufgrund einfacher und doppelter Buchführung weichen regelmäßig voneinander ab, da geldliche und wirtschaftliche Vorgänge differieren; die Summe der Gewinne/Verluste aus den einzelnen Wirtschaftsjahren ist jedoch — bezogen auf die Gesamtlebensdauer der Unternehmung — bei beiden Ermittlungsarten gleich groß.

1.3 Rechtsvorschriften zur Gewinnermittlung

1.3.1 Handelsrechtliche Vorschriften

Das Handelsgesetzbuch verpflichtet im vierten Abschnitt des Ersten Buches (§§ 38-47b HGB) jeden Kaufmann, Bücher zu führen und in diesen seine Handelsgeschäfte und die Lage seines Vermögens nach den Grundsätzen ordnungsmäßiger Buchführung ersichtlich zu machen. Diese Verpflichtung zur doppelten Buchführung besteht für den Kaufmann, dessen Handelsgewerbe eines der in § 1 Abs. 2 HGB aufgezählten Grundhandelsgewerbe zum Gegenstand hat (Kaufmann kraft Betätigung = Mußkaufmann). Diese einzelnen Grundhandelsgewerbe sind:

a) Die Anschaffung und Weiterveräußerung von beweglichen Sachen oder Wertpapieren, ohne Rücksicht darauf, ob die Waren unverändert oder nach Bearbeitung oder Verarbeitung weiter veräußert werden. Damit sind der gesamte Warenhandel und der gewerbliche Spekulationshandel an der Wertpapierbörse einerseits, die gesamte Industrie und das Warenhandwerk andererseits erfaßt.

b) Die Übernahme der Bearbeitung oder Verarbeitung von Waren für andere (= Be- oder Verarbeitung fremder Sachen), sofern das Gewerbe nicht handwerksmäßig betrieben wird.

c) Die Übernahme von Versicherungen gegen Prämie, also die gesamte private Personen- und Sachversicherung.

d) Bankgeschäfte.

e) Die Übernahme der Beförderung von Gütern und Reisenden zur See, die Geschäfte der Frachtführer oder der zur Beförderung von Personen zu Lande oder auf Binnengewässern bestimmten Anstalten sowie die Geschäfte der Schleppschiffahrtsunternehmer.

f) Die Geschäfte der Kommissionäre, der Spediteure und der Lagerhalter.

g) Die Geschäfte der Handelsvertreter oder der Handelsmakler. Die Grundstücks- und Hypothekenmaklergeschäfte fallen nicht hierunter, da sie nicht die Vermittlung von Waren zum Gegenstand haben.

h) Die Verlagsgeschäfte sowie die sonstigen Geschäfte des Buch- oder Kunsthandels.

i) Die Geschäfte der Druckereien, sofern das Gewerbe nicht handwerksmäßig betrieben wird.

Wer eines dieser Grundhandelsgeschäfte betreibt, ist jedoch nur Kaufmann mit der Verpflichtung zur doppelten Buchführung, wenn es nach Art und Umfang einen in kaufmännischer Weise eingerichteten Geschäftsbetrieb erfordert. Liegt diese Voraussetzung nicht vor, haben wir es mit einem Kleingewerbetreibenden (Minderkaufmann) zu tun. Dabei sind die Grenzen zwischen Minderkaufmann und (Voll)kaufmann fließend und von Wirtschaftszweig zu Wirtschaftszweig unterschiedlich zu beurteilen. Minderkaufleute sind handelsrechtlich nicht zur doppelten Buchführung verpflichtet.

Neben den Grundhandelsgewerben gilt weiterhin ein handwerkliches oder ein sonstiges gewerbliches Unternehmen als Handelsgewerbe, wenn nach § 2 HGB folgende drei Voraussetzungen gleichzeitig erfüllt sind:

1. Es muß ein gewerbliches Unternehmen vorliegen, wie beispielsweise Werbungsvermittlung, Verwaltung fremder Grundstücke, Immobilienmaklerei, Auskunfteien.
2. Dieser Gewerbebetrieb muß nach Art und Umfang einen in kaufmännischer Weise eingerichteten Geschäftsbetrieb erfordern.
3. Der Gewerbetreibende muß in das Handelsregister eingetragen sein. Anders als bei den Grundhandelsgewerben hat hier die Eintragung in das Handelsregister rechtsbegründende Bedeutung, d.h., erst die Eintragung führt im Zusammenwirken mit den anderen beiden Voraussetzungen zur Kaufmannseigenschaft.

Welche Regelung besteht für diese »Sollkaufleute« hinsichtlich der Verpflichtung zur Buchführung? Dazu bestimmt § 47 b HGB: »Für Unternehmer, die nach § 2 verpflichtet sind, die Eintragung ihres Unternehmens in das Handelsregister herbeizuführen, gelten die Vorschriften dieses Abschnitts schon von dem Zeitpunkt an, in dem diese Verpflichtung entstanden ist«. Obwohl diese Gewerbetreibenden die Kaufmannseigenschaft erst mit der Eintragung in das Handelsregister erlangen, sind sie handelsrechtlich zur doppelten Buchführung von dem Zeitpunkt an verpflichtet, in dem sie die in § 2 HGB festgelegten drei Voraussetzungen bereits erfüllen.

Kraft Rechtsform sind die Personen- sowie die Kapitalgesellschaften Kaufleute und damit zur doppelten Buchführung verpflichtet. Eine Personengesellschaft, wie offene Handelsgesellschaft bzw. Kommanditgesellschaft, muß den Betrieb eines Gewerbes zum Gegenstand haben. Bei den Kapitalgesellschaften ist es unerheblich, welche Tätigkeit sie ausüben. Die Sondergesetze für Kapitalgesellschaften, wie z.B. das Aktiengesetz, regeln die Rechnungslegung durch doppelte Buchführung über die Bestimmungen des Handelsgesetzbuches hinaus besonders umfassend. Für die Aktiengesellschaften sei auf §§ 148-161 AktG hingewiesen.

1.3.2 Steuerrechtliche Vorschriften

Unternehmer (Gewerbetreibende), die bereits nach anderen Gesetzen als den Steuergesetzen — wie u.a. nach HGB oder AktG — Bücher und Aufzeichnungen zu führen haben, die für die Besteuerung von Bedeutung sind, haben die Verpflichtungen, die ihnen nach anderen Gesetzen obliegen, auch für die Besteuerung zu erfüllen (§ 140 AO).

Wie bereits weiter oben kurz angesprochen worden ist, erweitert die Bestimmung des § 141 AO den Kreis der zur doppelten Buchführung verpflichteten Unternehmungen. Soweit gewerbliche Unternehmen nicht als vollkaufmännische Einzelunternehmungen, Sollkaufleute, Personen- oder Kapitalgesellschaften unter die Verpflichtung zur doppelten Buchführung nach Handelsrecht fallen, erwächst ihnen diese Pflicht nach Steuerrecht (§ 141 AO), sobald sie eine der folgenden Grenzen überschreiten:

a) Jahresumsatz mehr als 360.000 DM,

b) Betriebsvermögen mehr als 100.000 DM,

c) Gewinn aus Gewerbebetrieb mehr als 24.000 DM im Wirtschaftsjahr.

In Anbetracht dieser Grenzen dürfte wohl nur ein geringer Teil der Gewerbetreibenden von der Verpflichtung zur doppelten Buchführung ausgenommen sein. Ihnen ist es unbenommen, ihren Gewinn/Verlust aus Gewerbebetrieb anstatt durch einfache durch doppelte Buchführung zu ermitteln. Der Vorteil ist offensichtlich: Rechnerische Kontrolle und Ermittlung eines wirtschaftlich sachgerechten Ergebnisses.

Die Verpflichtung zur doppelten Buchführung betrifft niemals die freiberuflich Tätigen; aber auch sie können sich dieser Verpflichtung freiwillig unterwerfen.

1.3.3 Wahl und Wechsel des Wirtschaftsjahres

Wirtschaftsjahr ist der Zeitraum, für den der Unternehmer seinen Gewinn bzw. Verlust ermittelt. Das Wirtschaftsjahr umfaßt regelmäßig einen Zeitraum von zwölf Monaten und ist bei Gewerbetreibenden, deren Firma nicht in das Handelsregister eingetragen ist, mit dem Kalenderjahr identisch. Einen Zeitraum von mehr als zwölf Monaten darf das Wirtschaftsjahr nicht umfassen, wohl aber einen Zeitraum von weniger als zwölf Monaten (Rumpfwirtschaftsjahr), wenn ein Betrieb eröffnet, erworben, aufgegeben oder veräußert wird oder das Wirtschaftsjahr umgestellt wird. Bei Gewerbetreibenden, deren Firma im Handelsregister eingetragen ist, ist das Wirtschaftsjahr der Zeitraum, für den sie regelmäßig Abschlüsse machen; sie können ihr Wirtschaftsjahr frei wählen. Für die Festlegung eines vom Kalenderjahr abweichenden Wirtschaftsjahres ist das Einvernehmen des Finanzamtes nicht erforderlich, dagegen für die Umstellung des Wirtschaftsjahres auf einen vom Kalenderjahr abweichenden Zeitraum. Die Zustimmung des Finanzamtes ist auch dann erforderlich, wenn bereits ein abweichendes Wirtschaftsjahr besteht, aber auf ein anderes abweichendes Wirtschaftsjahr umgestellt werden soll (§ 4a EStG). Beachtliche betriebliche Gründe für eine Umstellung liegen beispielsweise vor, wenn das abweichende Wirtschaftsjahr branchenüblich, der Bestand an Waren oder Forderungen aufgrund von Lieferungen und Leistungen am angestrebten Abschlußstichtag gering, die Warenbestandsaufnahme wegen äußerer Umstände besonders schwierig oder ein anderer Abschlußstichtag im Hinblick auf einen Konzernabschluß geboten ist.

Ein Gewerbetreibender, der zur Anmeldung ins Handelsregister verpflichtet ist, sie aber unterläßt, darf kein vom Kalenderjahr abweichendes Wirtschaftsjahr haben. Läßt er sich jedoch in das Handelsregister eintragen, kann die Umstellung bei Vorliegen beachtlicher betrieblicher

Gründe und Zustimmung des Finanzamtes sofort erfolgen, da davon auszugehen ist, daß spätestens am Ende des gewählten Wirtschaftsjahres die Eintragung vorhanden sein muß.

Wird ein vom Kalenderjahr abweichendes Wirtschaftsjahr ohne die erforderliche Zustimmung des Finanzamtes gewählt, hat das gewählte Wirtschaftsjahr keine Bedeutung. Der Gewinn ist für das bisherige Wirtschaftsjahr zu ermitteln, d.h., das Finanzamt kann die Gewinnermittlung für dieses ursprüngliche Wirtschaftsjahr verlangen oder den Gewinn schätzen.

Bei den genannten Voraussetzungen kann die Wahl eines vom Kalenderjahr abweichenden Wirtschaftsjahres nur im Zusammenhang mit der doppelten Buchführung auftreten. Bei einfacher Buchführung ist das Wirtschaftsjahr immer mit dem Kalenderjahr identisch.

1.3.4 Zwischenwiederholung in zehn Thesen

- Kaufleute sind nach handelsrechtlichen Bestimmungen zur doppelten Buchführung verpflichtet.
- Sollkaufleute, die erst mit der Eintragung in das Handelsregister die Kaufmannseigenschaft erlangen, unterliegen dieser Verpflichtung bereits von dem Zeitpunkt an, in dem sie die Voraussetzungen für die Eintragung erfüllen.
- Die Buchführungspflichten für Kaufleute in der Rechtsform der Einzelunternehmung und der Personengesellschaft sind in den §§ 38 -47b HGB geregelt, für Kapitalgesellschaften in den entsprechenden Gesetzen, z.B. für Aktiengesellschaften in den §§ 148 - 161 AktG.
- Die handelsrechtlichen Buchführungspflichten gelten nach § 140 AO auch für das Steuerrecht.

— § 141 AO erweitert den Kreis der zur doppelten Buchführung verpflichteten Unternehmungen. Diese Verpflichtung besteht, wenn eine der folgenden Grenzen überschritten wird: Jahresumsatz 360.000 DM, Betriebsvermögen 100.000 DM, Gewinn aus Gewerbebetrieb 24.000 DM.

— Die nicht vom Handelsrecht und auch nicht von den Bestimmungen des § 141 AO erfaßten Kleingewerbetreibenden unterliegen der einfachen Buchführungspflicht; es ist ihnen unbenommen, den Gewinn/-Verlust freiwillig durch doppelte Buchführung zu ermitteln.

— Die Gewinnermittlung erfolgt für ein Wirtschaftsjahr; dieses umfaßt regelmäßig einen Zeitraum von zwölf Monaten; ein längerer Zeitraum ist unzulässig. Zu einem kürzeren Zeitraum (Rumpfwirtschaftsjahr) kann es bei Gründung, Veräußerung des Betriebes u.a. kommen.

— Das Wirtschaftsjahr stimmt mit dem Kalenderjahr überein (ausgenommen bei Rumpfwirtschaftsjahren), wenn der Gewinn durch einfache Buchführung oder durch doppelte Buchführung aufgrund des § 141 AO ermittelt wird.

— Nur Gewerbetreibende, deren Firma im Handelsregister eingetragen ist, dürfen ein vom Kalenderjahr abweichendes Wirtschaftsjahr haben.

— Die Umstellung von einem Wirtschaftsjahr, das vom Kalenderjahr abweicht, auf ein mit dem Kalenderjahr deckungsgleiches Wirtschaftsjahr ist jederzeit möglich; jeder andere Wechsel ist wirtschaftlich zu begründen und an die Zustimmung des Finanzamtes gebunden (§ 4a EStG).

1.4 Der Wechsel der Gewinnermittlungsart

Der Wechsel der Gewinnermittlungsart — von der einfachen zur doppelten Buchführung sowie der umgekehrte Weg — darf nicht zur Folge haben, daß Geschäftsvorfälle nicht oder doppelt erfaßt werden. Bei jedem Wechsel der Gewinnermittlungsart ist daher zu prüfen, ob und inwieweit sich Geschäftsvorfälle bereits gewinnmäßig ausgewirkt haben. Gegebenenfalls sind Korrekturen durch Hinzu- und Abrechnungen beim Gewinn des ersten Jahres nach dem Wechsel der Gewinnermittlungsart vorzunehmen.

1.4.1 Von der einfachen zur doppelten Buchführung

Drei verschiedene Anlässe sind für einen Wechsel von der einfachen zur doppelten Buchführung denkbar, wobei wohl überwiegend der zweite Fall in der Praxis vorkommen dürfte:

1. Fall:

Ein Kleingewerbetreibender (Nichtkaufmann; Minderkaufmann) erlangt Kaufmannseigenschaft und unterliegt nunmehr den Buchführungspflichten des Handelsrechts (Verpflichtung zur doppelten Buchführung nach Handelsrecht).

2. Fall:

Ein Kleingewerbetreibender überschreitet eine der in § 141 AO genannten Grenzen (Verpflichtung zur doppelten Buchführung nach Steuerrecht).

3. Fall:

Ein Kleingewerbetreibender oder Freiberufler ermittelt seinen Gewinn künftig freiwillig durch doppelte Buchführung (freiwilliger Wechsel zur doppelten Buchführung).

Um die Folgen der Umstellung in der Gewinnermittlung durch Zahlen zu veranschaulichen, wird auf das in den Abschnitten 1.1 und 1.2 gewählte Zahlenbeispiel zurückgegangen. Danach hatte der Unternehmer in dem Wirtschaftsjahr bei einfacher Buchführung einen Gewinn von 33.175 DM erzielt, dagegen 52.984 DM bei doppelter Buchführung. Die Umstellung auf doppelte Buchführung erfordert, auf den 1.1 des folgenden Wirtschaftsjahres eine Eröffnungsbilanz aufzustellen. In unserem Fall liegt diese Eröffnungsbilanz bereits vor: Es ist die Schlußbilanz aus der doppelten Buchführung:

Eröffnungsbilanz auf den 1. Januar des ersten Wirtschaftsjahres mit doppelter Buchführung

Aktiva	DM	Passiva	DM
Lieferwagen	24.000	Eigenkapital	153.176
Waren	60.759	Verbindlichkeiten	10.310
Forderungen	23.260		
Geldbestände	55.467		
	163.486		163.486

Es soll unterstellt werden, das folgende Wirtschaftsjahr nach dem Übergang von der einfachen auf die doppelte Buchführung schließe mit einem Gewinn in Höhe von 60.000 DM.

Welche Korrekturen sind hierauf vorzunehmen?

Diesem ersten durch doppelte Buchführung ermittelten Gewinn in Höhe von 60.000 DM sind die zu Beginn des Wechsels vorhandenen Forderungen und Warenvorräte hinzuzurechnen, allerdings vermindert um diejenigen Forderungen und Warenbestände, die zu Beginn der einfachen

Gewinnermittlung vorhanden waren (vgl. dazu die Bilanz auf den 31.12. des Vorjahres bei doppelter Buchführung im Abschnitt 1.2.2!). Die zu Beginn der doppelten Buchführung nach Umstellung bilanzierten Warenverbindlichkeiten sind abzusetzen, ebenfalls vermindert um die zu Beginn der Überschußrechnung vorhandenen Warenschulden.

Rechnerische Korrekturen:

Erster Gewinn bei doppelter Buchführung	60.000 DM
+ Warenbestand am 1.1.	60.759 DM
+ Forderungen am 1.1.	23.260 DM
Zwischensumme	144.019 DM
./. Warenbestand zu Beginn der einfachen Buchführung	53.900 DM
Zwischensumme	90.119 DM
./. Warenverbindlichkeiten am 1.1.	10.310 DM
+ Warenverbindlichkeiten zu Beginn der einfachen Buchführung	0 DM
Korrigierter Gewinn des ersten Wirtschaftsjahres nach dem Wechsel zur doppelten Buchführung	79.809 DM

Der Unternehmer hat somit folgende Gewinne erwirtschaftet und der Besteuerung zu unterwerfen:

1. Wirtschaftsjahr (einfache Buchführung)	33.175 DM
2. Wirtschaftsjahr (doppelte Buchführung) 60.000 DM, jedoch korrigiert auf	79.809 DM
insgesamt für beide Wirtschaftsjahre	112.984 DM

Hätte dagegen dieser Unternehmer bereits für das erste Wirtschaftsjahr seinen Gewinn aufgrund doppelter Buchführung ermittelt, wären folgende Gewinne erwirtschaftet und zu versteuern:

1. Wirtschaftsjahr (doppelte Buchführung)	52.984 DM
2. Wirtschaftsjahr (doppelte Buchführung)	60.000 DM
insgesamt für beide Wirtschaftsjahre	112.984 DM

Die Übereinstimmung beider Summen zeigt, was die beim Übergang von der einfachen zur doppelten Buchführung notwendigen Korrekturen bewirken: Es wird kein Geschäftsgang doppelt erfaßt oder unterschlagen. Dazu einige Verdeutlichungen: Die Forderungen in Höhe von 23.260 DM hatten sich im ersten Wirtschaftsjahr bei einfacher Buchführung noch nicht als Betriebseinnahmen auf den Gewinn auswirken können, da sie in dem Jahr noch keine geldlichen Einnahmen darstellten. Aber auch im Wirtschaftsjahr nach dem Wechsel zur doppelten Buchführung erfolgte keine Auswirkung auf den Gewinn: Bei doppelter Buchführung hat der Geldeingang einer Forderung keinen Ertragscharakter; er stellt lediglich einen Austausch zwischen Aktivposten dar (Buchung: Bank an Forderungen). Insofern war außerhalb der Gewinnermittlung im Rahmen der Korrekturrechnung eine Hinzurechnung dieser 23.260 DM erforderlich. Die umgekehrte Begründung gilt für die Warenverbindlichkeiten in Höhe von 10.310 DM: da noch keine Geldausgabe im letzten Jahr erfolgt war, war bei der einfachen Buchführung keine Gewinnminderung eingetreten. Diese Gewinnminderung fehlt jedoch auch bei doppelter Buchführung, da die Zahlung von Verbindlichkeiten keinen Aufwandscharakter hat. Die der Zahlung von Warenschulden zugeordnete Buchung »Verbindlichkeiten an Bank« mindert jeweils einen Aktiv (Bank) — und einen Passiv (Verbindlichkeiten)posten, berührt aber nicht die Gewinn- und Verlustrechnung bzw. das Eigenkapital der Unternehmung.

Abschließend eine kleine steuerliche Randinformation zu dem Korrekturposten in Höhe von 19.809 DM (79.809 DM ./. 60.000 DM): Ergibt sich infolge der Hinzu- und Abrechnungen im ersten Wirtschaftsjahr nach dem Übergang zur doppelten Buchführung ein außergewöhnlich hoher Gewinn und infolge der Steuerprogression eine hohe steuerliche Belastung, so kann der Unternehmer beantragen, daß die Zurechnungsbeträge — in unserem Beispiel der Betrag von 19.809 DM — auf das Übergangsjahr und die beiden folgenden Wirtschaftsjahre verteilt werden. Diese Verteilung verringert die steuerliche Belastung, da geringere Steuerprogressionen auf den Korrekturposten wirksam werden.

1.4.2 Von der doppelten zur einfachen Buchführung

Wenn für ein Unternehmen keine handels- und auch keine steuerrechtliche Verpflichtung zur doppelten Buchführung mehr besteht (Verlust der Kaufmannseigenschaft, Unterschreiten der in § 141 AO gesetzten Umsatz-, Betriebsvermögens- oder Gewinngrenzen) und die Unternehmung zukünftig den Gewinn auch nicht freiwillig aufgrund doppelter Buchführung ermitteln will, sind bei dem Übergang von der doppelten zur einfachen Buchführung ebenfalls Gewinnkorrekturen vorzunehmen, nun allerdings im umgekehrten Verhältnis wie beim Wechsel von der einfachen zur doppelten Gewinnermittlung. So müssen beispielsweise der Warenbestand und die Forderungen aus Lieferungen und Leistungen, die in der letzten Schlußbilanz aktiviert wurden, abgesetzt und Verbindlichkeiten hinzugesetzt werden. Entsprechend sind die Posten aus der Eröffnungsbilanz (Beginn der doppelten Buchführung) zu berücksichtigen. Die Forderungen aus der letzten Schlußbilanz vom Gewinn des ersten Wirtschaftsjahres mit einfacher Buchführung nicht abzusetzen bedeutete eine doppelte Erfassung dieser Position: Einmal Gewinnwirkung bei Erfassung in der doppelten Buchführung an Warenverkäufe, zum zweiten Erfassung des Geldeingangs als Betriebseinnahmen.

Im Gegensatz zur Behandlung des Korrekturbetrages beim Wechsel von der einfachen zur doppelten Buchführung ist hier eine Verteilung der Hinzurechnungsbeträge auf drei Jahre nicht zulässig. Die Begründung ist darin zu sehen, daß dieser Wechsel von der doppelten zur einfachen Buchführung rechtlich nie erzwungen werden kann, somit im freien Ermessen des Unternehmers liegt. Der Unternehmer kann jedoch den Antrag stellen, soweit sich Betriebsvergänge, die den durch den Wechsel der Gewinnermittlungsart bedingten Korrekturen entsprechen, noch nicht im ersten Wirtschaftsjahr nach dem Übergang ausgewirkt haben, daß die Korrekturen erst in dem Jahr vorgenommen werden, in dem sich die Betriebsvorgänge auswirken.

1.4.3 Total- und Teilperiodenrechnung

Anders als die Einnahme-Überschußrechnung (einfache Buchführung) zeigt die doppelte Buchführung das wirtschaftliche Ergebnis des einzelnen Wirtschaftsjahres, da neben Betriebseinnahmen und Betriebsausgaben auch Vermögensschwankungen berücksichtigt werden. Wie »wahr«, wie »aussagesicher« ist dieser Gewinn aufgrund doppelter Buchführung als Richtgröße erfolgreichen Wirtschaftens? Dazu einige grundsätzliche Anmerkungen:

Eine Unternehmung wird gegründet, um für den Unternehmer Gewinn zu erzielen. Das bei der Gründung vorhandene Kapital des Unternehmers (= $Geld_1$) wird in Wirtschaftsgüter verschiedener Art investiert, und zwar in sich schnell wieder in Geld ($Geld_2$) zurückverwandelnde Wirtschaftsgüter (Umlaufvermögen: Geld — Ware — Forderung — Geld) und in solche, die teilweise erst nach Jahrzehnten — entsprechend ihrer Lebensdauer — wieder zum Geld zurückgefunden haben (Anlagevermögen: Geld — Maschinen — Abschreibungen ... Geld). Das Umlaufvermögen wird direkt verkauft, das Anlagevermögen indirekt über die Abschreibungen. Prinzipiell besteht somit zwischen Umlaufvermögen und Anlagevermögen kein Unterschied: Beide dienen der Gewinnerzielung. Gewinn ist dabei der Unterschiedsbetrag zwischen dem Geld am Anfang und am Ende einer unternehmerischen Maßnahme, also das Mehrgeld.

Bei der Gründung und bei der Liquidierung der Unternehmung, an ihrem Anfang und ihrem Ende, liegen geldliche Größen vor. Damit ist eine exakte Erfolgsermittlung für die gesamte Lebensdauer der Unternehmung durch den Vergleich des Anfangs- und des Endbestandes an Geld möglich:

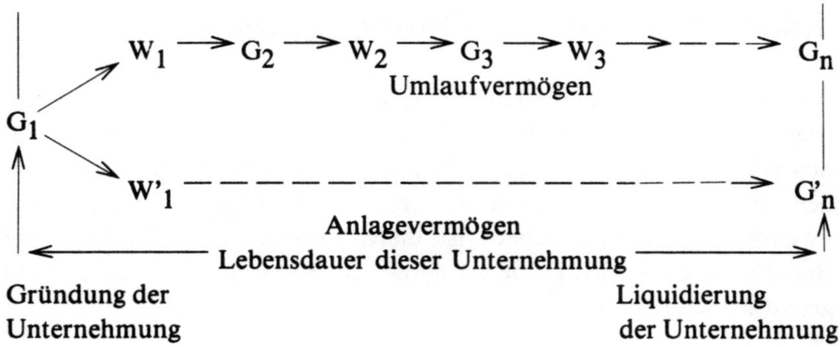

Das bei der Gründung dieser Unternehmung vorhandene Geldkapital G_1 wurde investiert in Umlaufvermögen W_1 und Anlagevermögen W'_1. Erst am Ende der Unternehmung wurde das Anlagevermögen wieder zu Geld G'_n, das Umlaufvermögen W_1 dagegen nach einem wesentlich kürzeren Zeitabschnitt. Das aus der Veräußerung des Umlaufvermögens erzielte Geld G_2 wurde wiederum investiert, und zwar in Umlaufvermögen W_2, wieder veräußert usw. Am Ende der Unternehmung ist alles zum Geld zurückgekehrt. Der Endbestand an Geld beträgt $G_n + G'_n$. Wenn vereinfachend unterstellt wird, daß während der Lebensdauer dieser Unternehmung weder Privatentnahmen noch Privateinlagen getätigt wurden, beträgt der Gewinn für die gesamte Lebensdauer der Unternehmung (Totalperiodengewinn):

	Endbestand an Geld	=	$G_n + G'_n$
./.	Anfangsbestand an Geld	=	G_1
=	Gewinn der Unternehmung für die Gesamtlebensdauer	=	$(G_n + G'_n)$ ./. G_1

Während der Lebensdauer der Unternehmung getätigte Privatentnahmen müßten hinzu-, Privateinlagen abgerechnet werden. Anders als beim Betriebsvermögensvergleich (vgl. Abschnitt 1.2.1) werden bei dieser Gewinnermittlung für die Totalperiode der Unternehmung nur geldliche Größen gegenübergestellt; Bewertungsfragen treten nicht auf, da alle Vermögensgegenstände der Unternehmung zum Geld zurückgefunden haben. Dieser Gewinn ist als einziger »wahr« und aussagesicher als Richtgröße erfolgreichen Wirtschaftens! Wo liegt der »Pferdefuß« dieser Gewinnermittlung?

Es gehört zum Wesen jeder Unternehmung, daß sie im Regelfall eine auf Dauer gedachte Einrichtung ist. Bei ihrer Gründung wird an ein baldiges Ende keinesfalls gedacht. Der Unternehmer kann auch nicht mit der Gewinnermittlung bis zur Liquidierung seiner Unternehmung warten, nur weil sich erst dann geldliche Größen als Ausgangswerte einer exakten Gewinnermittlung gegenüberstehen. Die jährliche Gewinnermittlung ist für die Unternehmung lebensnotwendig! Auch das Finanzamt verlangt eine jährliche Rechnungslegung vom Unternehmer im Interesse der öffentlichen Haushaltswirtschaft. Aus praktischen und rechtlichen Erfordernissen ist eine jährliche Gewinnermittlung notwendig. Nur ist dabei zu bedenken, daß die Unternehmung noch mitten im Leben steht und eine Reihe von Ausgaben getätigt hat, deren geldliches Schicksal im Zeitpunkt des Jahresabschlußstichtages noch unbekannt in der Zukunft liegt. Am Bilanzstichtag vermag kein Unternehmer zu sagen, ob seine Erzeugnisse und Handelswaren eines Tages für ihn Gewinn- oder Verlustbringer sein werden. Dieselbe Ungewißheit liegt über allen anderen Investitionen, gehören sie zum Umlauf- oder zum Anlagevermögen. Die aus praktischen und rechtlichen Erwägungen gezogene Zäsur, auf das Ende des Wirtschaftsjahres zu bilanzieren, macht es erforderlich, diese Investitionen und auch die Schuldposten zu erfassen und durch Bewertung gleichnamig zu machen. Der den Wirtschaftsgütern durch Bewertung beigelegte Wert in DM kann dabei über das geldliche Schicksal der einzelnen Güter nichts aussagen. In der Bilanz als Teilperiodenrechnung können nur Angaben aus der Vergangenheit und in der Gegenwart erweisliche, wie ursprüngliche Anschaffungs- und Herstellungskosten und Mengenangaben der Vorkolonnen, wahr sein, nicht aber die aus der Bewertung hervorgegangenen Geldbeträge der Hauptkolonne mit Ausnahme der tatsächlichen Geldbestände.

Halten wir fest:

Der durch einfache Buchführung ermittelte Gewinn ist in seiner Aussagefähigkeit als Richtgröße erfolgreichen Wirtschaftens begrenzt, weil nur geldliche Einnahme- und Ausgabeströme des Wirtschaftsjahres — erweitert um die Absetzungen für Abnutzungen — gegenübergestellt werden. Der Gewinn aufgrund doppelter Buchführung berücksichtigt zwar Vermögensströme, deren künftiges geldliches Schicksal am Bilanzstichtag jedoch unbekannt ist. Damit ist auch dieser Gewinn (Teilperiodengewinn) in seiner Aussagefähigkeit als Richtgröße erfolgreichen Wirtschaftens eingeengt.

1.4.4 Zwischenwiederholung in zehn Thesen

— Kleingewerbetreibende, deren Jahresumsatz 360.000 DM, deren Betriebsvermögen 100.000 DM oder deren Gewinn 24.000 DM übersteigt und die nicht bereits freiwillig bilanzieren, sind nach § 141 AO verpflichtet, ihren Gewinn künftig durch doppelte Buchführung zu ermitteln.

— Auf den Beginn des ersten Wirtschaftsjahres mit doppelter Buchführung ist eine Eröffnungsbilanz aufzustellen.

— Ein Wechsel der Gewinnermittlungsart darf nicht dazu führen, daß Geschäftsvorgänge und deren Gewinnauswirkung nicht oder doppelt erfaßt werden.

— In der ersten Eröffnungsbilanz aktivierte Forderungen aus Warenlieferungen und Leistungen waren bei der einfachen Buchführung noch keine Betriebseinnahmen. Deren Geldeingang erhöht auch bei doppelter Buchführung nicht den Gewinn. Um die Gewinnerhöhung eintreten zu lassen, müssen diese Forderungen dem laufenden Gewinn des ersten Wirtschaftsjahres nach der Umstellung hinzugerechnet werden.

— Entsprechende Korrekturen sind für den Warenbestand und — mit umgekehrten Vorzeichen — für die Verbindlichkeiten aus Warenlieferungen und Leistungen vorzunehmen.

— Ein gewinnerhöhender Korrekturposten aufgrund des Wechsels von der einfachen zur doppelten Buchführung kann auf Antrag des Unternehmers im Hinblick auf die Steuerprogression auf drei Wirtschaftsjahre verteilt werden.

— Beim Wechsel von der doppelten Buchführung zur einfachen sind die Gewinnkorrekturen im umgekehrten Verhältnis vorzunehmen; eine Verteilung eines gewinnerhöhenden Korrekturpostens auf drei Jahre entfällt jedoch, weil dieser Wechsel vom Gesetz nicht erzwungen werden kann und somit auf freiwilligem Beschluß des Unternehmers beruht.

— Der Gewinn aufgrund doppelter Buchführung ist als Richtgröße erfolgreichen Wirtschaftens aussagesicherer als der Gewinn aufgrund einfacher Buchführung, da die doppelte Buchführung Vermögensschwankungen berücksichtigt.

— Absolut aussagesicher und wahr ist jedoch nur der Gewinn, der für die gesamte Lebensdauer der Unternehmung (Totalperiodengewinn) ermittelt wird; alle Wirtschaftsgüter sind wieder zu Geld geworden, und Bewertungsprobleme entfallen.

— Der für das einzelne Wirtschaftsjahr aus praktischen und rechtlichen Erwägungen ermittelte Teilperiodengewinn ist in seiner Aussagefähigkeit als Richtgröße erfolgreichen Wirtschaftens durch die Problematik der Bilanzierung und Bewertung belastet. Für keines der am Bilanzstichtag noch nicht wieder zu Geld gewordenen Wirtschaftsgüter läßt sich mit absoluter Sicherheit voraussagen, ob es für die Unternehmung letzten Endes einen Gewinn- oder einen Verlustbringer darstellt.

Darüber kann auch die exakte buchhalterische Behandlung der Geschäftsgänge und die Beachtung der Rechtsvorschriften von der Eröffnungs- bis zur Schlußbilanz nicht hinwegtäuschen.

2 Ein praktischer Geschäftsgang von der Eröffnungs- zur Schlußbilanz

Inhaltsübersicht

2.1 Die Eröffnungsbilanz und die Konteneröffnung

2.1.1 Inventur — Inventar — Bilanz

Bei der doppelten Buchführung steht die Eröffnungsbilanz am Anfang des Wirtschaftsjahres und die Schlußbilanz an deren Ende. Grundlage für die Aufstellung der Bilanz ist das Inventar, ein Verzeichnis über Art, Menge und Wert der Vermögensteile und der Schulden. Den Saldo bildet das — hoffentlich positive (!) — Eigenkapital (Reinvermögen; steuerlich: Betriebsvermögen). Das Eigenkapital ist negativ (Überschuldung), wenn die Schulden das Vermögen übersteigen; im Falle der Überschuldung einer Kapitalgesellschaft muß das Konkursverfahren beantragt werden (vgl. § 92 Abs. 2 AktG).

Die zur Feststellung des Vermögens und der Schulden notwendige Tätigkeit heißt Inventur. Die am Bilanzstichtag vorhandenen Wirtschaftsgüter werden durch Wiegen, Zählen und Messen mengenmäßig ermittelt und bewertet. Wer die Inventur vornimmt und das Inventarverzeichnis erstellt, unterschreibt es mit Angabe des Datums.

Die Praxis kennt drei verschiedene Inventurverfahren:

1. Die Inventur wird unmittelbar vor oder nach dem Bilanzstichtag vorgenommen. Bei dieser Bilanzstichtagsinventur wird am sichersten festgestellt, welche Bestände am Bilanzstichtag tatsächlich vorhanden sind.

2. Bei der permanenten Inventur fallen der Stichtag der Inventur und der Bilanzstichtag auseinander. Die Inventurarbeiten werden über einen längeren Zeitraum verteilt, d.h., eine Warengruppe wird im Januar, eine andere im Februar usw. aufgenommen. Man macht »permanent« Inventur und verteilt die Arbeiten über das ganze Wirtschaftsjahr. Um den mengenmäßigen Bestand aller Wirtschaftsgüter zum Bilanzstichtag zu bekommen, wird der im Laufe des Wirtschaftsjahres ermittelte Bestand mit Hilfe der in den Büchern aufgezeichneten Zu- und Abgänge bis zum Bilanzstichtag fortgeschrieben. Dieser Sollbestand gilt als tatsächlicher Bestand am Bilanzstichtag. Bei diesem Verfahren wird unterstellt, daß die betrieblichen Unterlagen die Vermutung »Sollbestand = Istbestand« auch rechtfertigen. Dafür müssen Lagerbücher (Karteien) geführt werden, in denen alle Zu- und Abgänge nach Datum, Art und Menge nachzuweisen sind. Zusätzlich muß mindestens einmal im Wirtschaftsjahr eine körperliche Bestandsaufnahme erfolgen (§ 39 Abs. 3 HGB).

3. Auch bei der »vor- oder nachgelagerten Stichtagsinventur« klaffen Inventur- und Bilanzstichtag auseinander. Im Gegensatz zur permanenten Inventur wird kein Inventar auf den Bilanzstichtag erstellt.

Ein beispielsweise auf den 30. November erstelltes Inventar bildet die Grundlage für die Bilanz auf den 31. Dezember desselben Jahres. Dieses »besondere Inventar« (§ 39 Abs. 4 HGB) darf nur »für einen Tag innerhalb der letzten drei Monate vor oder der beiden Monate nach dem Schluß des Geschäftsjahres« aufgestellt werden. Der Wert des Bestandes für den Bilanzstichtag ist durch ein Fortschreibungs- oder Rückrechnungsverfahren nachzuweisen (Wertnachweisverfahren). Der wesentliche Unterschied zur permanenten Inventur besteht darin, daß bei diesem Verfahren die Bestandsveränderungen (Zu- und Abgänge) in dem Zeitraum zwischen Inventur- und Bilanzstichtag nur wertmäßig — also nicht nach Art und Menge — nachgewiesen zu werden brauchen, wogegen bei der permanenten Inventur die Bestände art-, mengen- und wertmäßig fortgeschrieben und der buchmäßige Sollbestand zum Bilanzstichtag als Istbestand aufgenommen werden. Permanente Inventur und das Wertnachweisverfahren sind nicht statthaft für Vorratsbestände, bei denen durch Schwund, Verdunsten, Verderb, leichte Zerbrechlichkeit oder ähnliche Vorgänge ins Gewicht fallende, nicht kontrollierbare Abgänge eintreten, es sei denn, daß diese Abgänge auf Grund von Erfahrungssätzen annähernd zutreffend geschätzt werden können.

Der Vorteil auch dieses Verfahrens der vor- und nachgelagerten Stichtagsinventur (Wertnachweisverfahrens) liegt wie bei der permanenten Inventur in der zeitlichen Verteilung der Arbeit und damit in der arbeitsmäßigen Entlastung des Bilanzstichtages. Als Nachteil ist wie bei der permanenten Inventur in Kauf zu nehmen, daß am Bilanzstichtag nicht überprüft wird, ob die Wirtschaftsgüter an diesem Tag tatsächlich vorhanden sind. Die Bilanz stützt sich auf das Vorhandensein der Wirtschaftsgüter in den Büchern.

Für den praktischen Geschäftsgang, der von der Eröffnungsbilanz über die Geschäftsvorgänge eines Wirtschaftsjahres 1.1.1981 bis 31.12.1981) dargestellt werden soll, ist von einem aufgrund der Inventur ermittelten *Warenbestand* auf den 31.12.1980 (1.1.1981) in Höhe von 819.406 DM auszugehen. Das Fehlen anderer Vorräte, wie insbesondere der Roh-, Hilfs- und Betriebsstoffe, macht deutlich, daß es sich bei der Unternehmung um einen Handelsbetrieb handelt, um einen Großhandelsbetrieb (Büroartikel) — hier in der Rechtsform einer Kommanditgesellschaft.

Der Fuhrpark, Einrichtungen an Grundstücken, Betriebsanlagen allgemeiner Art, Maschinen der Stoffver- und -bearbeitung sowie Anlagegüter, die zu der Betriebs- und Geschäftsausstattung gehören, werden in Anlagekarteien verzeichnet. Diese entsprechen der Lagerkartei für Vorräte bei der permanenten Inventur.

In der Anlagekartei weirden genannt:

— die Art des Wirtschaftsgutes,

— die Anschaffungs- oder Herstellungskosten mit evtl. zusätzlich zu aktivierenden Nebenkosten (Montagekosten u.ä.),

— das Datum der Anschaffung oder Herstellung,

— die Lebensdauer des Wirtschaftsgutes (Nutzungsdauer); sie ist den finanzamtlichen AfA-Tabellen zu entnehmen und beruht auf den Erfahrungen der steuerlichen Betriebsprüfung. Die AfA-Tabelle gibt einen Anhalt dafür, ob die Nutzungsdauer eines Anlagegutes zutreffend geschätzt worden ist. Wird die angegebene Nutzungsdauer unterschritten, so müssen dafür besondere, objektiv nachprüfbare Gründe vorliegen, z.B. eine außergewöhnlich hohe Beanspruchung des Wirtschaftsgutes.

— der jährliche Abschreibungsprozentsatz bei gleichmäßiger Verteilung der Anschaffungs- oder Herstellungskosten auf die Jahre der Nutzung (lineare Abschreibung),

— der jährliche Abschreibungsbetrag,

— der Buchwert zum jeweiligen Bilanzstichtag.

Für die im praktischen Geschäftsgang in Betracht kommenden Bilanzpositionen »*Fuhrpark*« und »*Betriebsausstattung*« zeigt die Anlagekartei folgendes Bild: Zum 31. Dezember 1980 besteht der Fuhrpark aus zwei Fahrzeugen mit einem Buchwert von insgesamt 45.350 DM. Auch die Betriebsausstattung setzt sich aus zwei Einzelpositionen zusammen: Büromöbel (Buchwert 67.440 DM) und eine elektrische Schreibmaschine (Buchwert 1.080 DM). Diese Positionen werden zusammengefaßt und als Fuhrpark und Betriebsausstattung in die Schlußbilanz auf den 31.12.1980 übernommen.

Geringwertige Wirtschaftsgüter

sind solche abnutzbaren beweglichen Wirtschaftsgüter des Anlagevermögens, die einer selbständigen Nutzung fähig sind und deren Anschaffungs- oder Herstellungskosten (ohne Vorsteuer) für das einzelne Wirtschaftsgut 800 Deutsche Mark nicht übersteigen. Die Anschaffungs- oder Herstellungskosten solcher GWG können im Jahr der Anschaffung oder Herstellung in voller Höhe als Betriebsausgaben nach § 6 Abs. 2 EStG abgesetzt werden. Es ist üblich, für die geringwertigen Wirtschaftsgüter in der Bilanz einen Erinnerungsposten von 1 DM auszuweisen.

In der vorliegenden Schlußbilanz auf den 31. Dezember 1980 bildet ein *Firmenwert* in Höhe von 235.000 DM die letzte Position des Anlagevermögens, also des Vermögens, das nach seiner Zweckbestimmung dem Betrieb auf Dauer zu dienen bestimmt ist. Dieser Firmenwert (Geschäftswert, Goodwill) verkörpert den Leistungsstand, den Ruf usw. dieser Kommanditgesellschaft. Der Firmenwert ist entweder durch Ausscheiden eines Gesellschafters oder beim Erwerb dieser Unternehmung durch die Gesellschafter entstanden (abgeleiteter = derivativer Firmenwert) und darf steuerlich nicht abgeschrieben werden (vgl. Kapitel 3.1.2).

Welche weiteren Posten des Umlaufvermögens — außer dem oben dargelegten Warenbestand — weist die Bilanz aus?

Anlagekartei (Anlageverzeichnis) der Dorn & Co KG, Großhandelsunternehmung in X-hausen

Wirtschafts-gut	Anschaffungs- oder Herstellungskosten	Datum der Anschaffung o. Herstellung	Nutzungs-dauer in Jahren	AfA-Satz	AfA-Betrag	Buchwert 31.12.79	AfA-Betrag	Buchwert 31.12.80	AfA-Betrag	Buchwert 31.12.81	AfA-Betrag
Fuhrpark											
Elektro-LKW	40.000	1. 4.1979	5	20 %	8.000[1]	32.000	8.000	24.000	8.000	16.000	...
PKW Peugeot 505	24.400	17.10.1980	4	25 %			3.050[2]	21.350	6.100	15.250	
LKW-Anhänger	32.000	4. 5.1981	6	17 %				45.350	5.440	26.560	
...									19.540	57.810	
...											
Betriebs-ausstattung											
Büromöbel	84.300	2. 2.1979	10	10 %	8.430	75.870	8.430	67.440	8.430	59.010	
elektr. Schreib-maschine	1.200	4. 7.1979	5	20 %			120	1.080	240	840	
								68.520			
Panzerschrank Typ CFG 600	8.900	30. 3.1981	20	5 %					445	8.455	
									9.115	68.305	

Anmerkung:

1) Anstelle des vollen Jahres-AfA-Betrages kann auch die zeitanteilige AfA für 9 Monate = 6.000 DM angesetzt werden.

2) Bewegliche Anlagegüter, die in der zweiten Jahreshälfte angeschafft oder hergestellt worden sind, werden mit dem halben Jahresbetrag abgeschrieben. Auch hier kann zeitanteilig (17.10.-31.12.) abgeschrieben werden.

Forderungen aus Warenlieferungen und Leistungen in Höhe von 689.300 DM, die sich bei dem Umsatzsteuersatz von 13% aus 610.000 DM Warenforderung und 13% davon = 79.300 DM offen auf den Ausgangsrechnungen ausgewiesener Umsatzsteuer zusammensetzen.

Sonstige Forderung über 13.912 DM;
Bankguthaben in Höhe von 149.715 DM (Bankauszug);
Kassenbestand von 5.290 DM (Kassenbuch = Kasse).

Warenbestand, Forderungen, sonstige Forderungen und die Geldbestände bilden in dieser Bilanz das Umlaufvermögen, d.s. Vermögensteile, die möglichst kurz im Betrieb verbleiben und im Gegensatz zum Anlagevermögen zum Umsatz bestimmt sind.

Abschließend weist die Bilanz auf der Aktivseite einen *Rechnungsabgrenzungsposten* in Höhe von 2.460 DM aus. Aktive Rechnungsabgrenzungsposten sind Aufwendungen, die noch im alten Wirtschaftsjahr getätigt wurden, z.B. Zahlung einer Versicherungsprämie, aber erst im kommenden Jahr zur Leistung führen. Dem Betrag von 2.460 DM liegt die Zahlung einer Versicherungsprämie in Höhe von 4.920 DM am 1. Juli 1980 für den Zeitraum vom 1. Juli 1980 bis zum 30. Juni 1981 zugrunde.

Die Summe der Aktiva (Investitionen) stellt sich somit auf 2.028.954 DM. Wie wurden diese Aktiva finanziert (Passiva)?

Von den Schuldposten entfallen auf:

Verbindlichkeiten aus Warenlieferungen und Leistungen 794.390 DM, die sich aus 703.000 DM echten Warenschulden und 13% darauf = 91.390 DM dem Unternehmen von den Lieferanten in Rechnung gestellten Vorsteuern zusammensetzen. Die Aufteilung dieser Position auf die einzelnen Lieferanten ist aus der Kreditorensaldenliste ersichtlich (namentliche Auflistung der Lieferanten in alphabetischer Reihenfolge mit Angabe der am Bilanzstichtag noch offenen Rechnungen). Eine Liste gleicher Art wird im Rahmen der Inventurarbeiten für die Kunden aufgestellt (Forderungen aus Lieferungen und Leistungen); beide Listen werden mit den am Bilanzstichtag offenen Rechnungen lt. Buchführung abgestimmt.

Die *sonstigen Verbindlichkeiten* belaufen sich lt. Inventur auf 153.620 DM. Im einzelnen verbergen sich hinter diesem Bilanzsammelposten die am 31. Dezember noch nicht abgeführten Beiträge zur Sozialversicherung, die noch nicht abgeführte Lohnsteuer für den letzten Abrechnungszeitraum (Dezember), die Umsatzsteuer-Zahllast für Dezember u.ä.

Die *Steuerrückstellung* in Höhe von 29.900 DM wurde für die zu erwartende Gewerbesteuer-Nachzahlung gebildet. Rückstellungen sind Schuldverpflichtungen, die am Bilanzstichtag dem Grunde nach bestehen, deren genaue Höhe und Zahlungstermin jedoch noch ungewiß sind. Die genaue Höhe und der Zahlungstermin ergeben sich erst im allgemeinen im folgenden Jahr mit der Zusendung des Gewerbesteuerbescheides.

Die *Wertberichtigung auf Forderung* in Höhe von 18.300 DM entspricht 3% der Forderungen aus Warenlieferungen und Leistungen (610.000 DM ohne Umsatzsteuer!) und wurde gebildet, da möglicherweise mit einem Forderungsausfall zu rechnen ist. Dieser Posten ist nicht Teil der Schuldposten, sondern eine Korrektur eines Aktivpostens. Wenn und soweit im folgenden Jahr keine Forderungsausfälle eintreten sollten, ist dieser Posten »Wertberichtigung auf Forderung« aufzulösen und gegebenenfalls am Ende des folgenden Wirtschaftsjahres neu zu bilden.

Im Inventarverzeichnis führt die Summe der Vermögensposten in Höhe von	2.028.954 DM
nach Abzug der Schuldposten einschließlich der Wertberichtigung auf Forderungen in Höhe von	996.210 DM
zu einem Reinvermögen (Eigenkapital; steuerlich: Betriebsvermögen) in Höhe von	1.032.744 DM
Dieses Eigenkapital wurde aufgebracht von dem Komplementär (Vollhafter) Dorn mit	746.826 DM
und dem Kommanditisten (Teilhafter) Beer mit	285.918 DM
Summe des Eigenkapitals	1.032.744 DM
Dabei beträgt die Einlage des Kommanditisten	240.000 DM
Sie wird in der Bilanz als festes Kommanditkapital ausgewiesen. Das durch Gewinngutschriften und Privatentnahmen variable Kapital des Teilhafters Beer beläuft sich auf	45.918 DM
Kapital des Kommanditisten insgesamt	285.918 DM

Somit läßt sich folgende Bilanz auf den 31. Dezember 1980 als Ausgangsbasis für den zu behandelnden Geschäftsgang aufstellen:

Aktiva — Bilanz der Dorn & Co KG 31.12.1980 — Passiva

Aktiva	DM	Passiva	DM
Anlagevermögen		**Eigenkapital**	
Fuhrpark	45.350	Komplementär Dorn	746.826
Betriebsausstattung	68.520	Komm. Beer (fest)	240.000
GWG	1	Komm. Beer (variabel)	45.918
Firmenwert	235.000	**Wertberichtigung auf**	
Umlaufvermögen		**Forderungen**	18.300
Warenbestände	819.406	**Rückstellungen**	29.900
Forderungen aus LuL	689.300	**Verbindlichkeiten**	
sonstige Forderungen	13.912	Kreditoren	794.390
Bankguthaben	149.715	sonstige Verbindl.	153.620
Kasse	5.290		
Aktive RAP	2.460		
	2.028.954		2.028.954

x-hausen, den 20. März 1981 Dorn

2.1.2 Die Schlußbilanz des Vorjahres als Eröffnungsbilanz des laufenden Wirtschaftsjahres

Die für die Firma Dorn & Co KG auf den 31. Dezember 1980 erstellte Bilanz hat eine doppelte Funktion:

a) Sie ist Schlußbilanz des Wirtschaftsjahres 1980 und mit der Gewinn- und Verlustrechnung für die Zeit vom 1. Januar bis zum 31. Dezember 1980 Teil des Jahresabschlusses.

b) Sie ist zugleich Eröffnungsbilanz für das Wirtschaftsjahr vom 1. Januar bis zum 31. Dezember 1981.

Die völlige Übereinstimmung, mengen- und wertmäßig, zwischen Schlußbilanz eines Wirtschaftsjahres und Eröffnungsbilanz des folgenden Wirtschaftsjahres ist Inhalt des Grundsatzes der Bilanzidentität. Dieser Grundsatz gilt in gleicher Weise für die Handels- und für die Steuerbilanz.

Unterbrechungen der Bilanzidentität sind nur in besonderen, gesetzlich festzulegenden Fällen zulässig. Beispiele für eine solche Unterbrechung sind der Übergang von der RM-Schlußbilanz (20. Juni 1948) auf die DM-Eröffnungsbilanz (21. Juni 1948) und die Entlastung der zum 31. Dezember 1967 aktivierten Warenvorräte um die darin enthaltene (alte) Umsatzsteuer beim Übergang auf das neue Umsatzsteuerrecht (Mehrwertsteuer) am 1. Januar 1968.

2.1.3 Kontenrahmen und Kontenplan

Jede Unternehmung stellt sich einen Plan über die Konten auf, die sie für ihre Buchführung benötigt, den Kontenplan. Dieser betriebsindividuelle Kontenplan wird aus dem Kontenrahmen des Wirtschaftszweiges abgeleitet, zu dem die Unternehmung gehört, zum Beispiel aus dem

Kontenrahmen für den Einzelhandel, für den Groß- und Außenhandel oder aus dem Kontenrahmen für die Industrie. In der Steuerberatungspraxis ist, soweit die Buchführung der Mandanten über Datenträger abgewickelt wird, der DATEV-Kontenrahmen verbreitet.

Jede Kontenklasse (einstellig von Klasse 0 bis 9) wird in 10 Kontengruppen (zweistellig) unterteilt, jede Kontengruppe wiederum in 10 Kontenarten (dreistellig) und diese endlich noch in 10 Kontenunterarten (vierstellig).

Dazu folgendes Beispiel nach dem DATEV-Kontenrahmen:

Kontenklasse	4	Konten der Kostenarten
Kontengruppe	41	Personalkosten
Kontenart	412	Gehälter
Kontenunterart	4125	Ehegattengehälter

Für die Datenverarbeitung werden dabei die Leerpositionen durch eine »0« ausgedrückt, also Kontengruppe »Personalkosten« 4100, so daß jede Kontennummer vierstellig ist.

Der DATEV-Kontenrahmen, nach dem auch die Firma Dorn & Co KG arbeitet, ist wie folgt strukturiert:

Klasse 0	Anlage- und Kapitalkonten	(0001-0999)
Klasse 1	Finanz- und Privatkonten	(1000-1999)
Klasse 2	Abgrenzungskonten	(2000-2999)
Klasse 3	Waren, Roh-, Hilfs- und Betriebsstoffe	(3000-3999)
Klasse 4	Konten der Kostenarten	(4000-4999)
Klasse 8	Erlöskonten	(8000-8999)

Die Firma Dorn & Co KG leitete daraus für ihre Zwecke folgenden Kontenplan ab:

0300	Fuhrpark
0410	Betriebsausstattung
0480	Geringwertige Wirtschaftsgüter
0550	Firmenwert
0810	**Eigenkapital Komplementär Dorn**
0820	**Kommanditeinlage Beer**
0821	**Variables Eigenkapital Beer**
0920	Wertberichtigung auf Forderungen
0930	Steuer-Rückstellung
0960	Aktive Rechnungsabgrenzungsposten
1000	Kasse
1200	Bank
1400	Forderungen aus Lieferungen und Leistungen
1500	Sonstige Forderungen
1570	Anrechenbare Vorsteuer
1600	Verbindlichkeiten aus Lieferungen und Leistungen
1800	Sonstige Verbindlichkeiten
1870	Umsatzsteuer
1910	Privatkonto Dorn
1920	Privatkonto Beer
2000	a.o. und periodenfremde Aufwendungen
2135	Kosten des Geld- und Warenverkehrs
2500	a.o. und periodenfremde Erträge
3000	Wareneinkauf
4100	Personalkosten
4200	Raumkosten
4330	Betriebliche Steuern
4400	Verwaltungskosten
4600	Vertriebskosten
4850	Abschreibungen auf das Anlagevermögen
4880	Abschreibungen auf das Umlaufvermögen
8000	Erlöse
8700	Sonstige Erträge

Für die Abwicklung des Rechnungswesens des Wirtschaftsjahres 1981 der Kommanditgesellschaft Dorn & Co wurde bei den Aufwands- und Ertragskonten eine Vielzahl von Unterkonten zu einer Kosten- bzw. Ertragsart zusammengefaßt. In Praxis der Firma Dorn & Co KG werden noch folgende Unterkonten geführt:

3000 Wareneinkauf/Wareneinsatz

Wareneinkauf, Bezugs- und Nebenkosten, Eingangsfrachten, Zölle und Einfuhrabgaben, Ausgangsfrachten, erhaltene Boni, Bestandsveränderungen

4100 Personalkosten

Löhne und Gehälter, gesetzliche soziale Aufwendungen, Berufsgenossenschaft, freiwillige soziale Aufwendungen, Personalverpflegung, Aushilfslöhne, sonstige Personalkosten, Vermögensbildung

4200 Raumkosten

Mieten, Heizung, Gas — Strom — Wasser, Reinigung, Instandhaltung

4400 Verwaltungskosten

Versicherungen, Beiträge, Inkassogebühren, sonstige Abgaben, Fuhrparkkosten, Telefon, Fernschreiber, Bürobedarf, Zeitschriften, Rechts- und Beratungskosten, Mieten, Einrichtung, Fremdarbeiten, sonstige Kosten

4600 Vertriebskosten

Vertreterkosten, Reisekosten, Bewirtung, Geschenke, Werbekosten, Katalogkosten, Messekosten, Provisionen, Kommissionen, Porto, Verpackung, Transportversicherung

2135 Kosten des Geld- und Warenverkehrs

Bankzinsen, Diskontaufwendungen, Finanzierungskosten, Nebenkosten des Geldverkehrs, gewährte Skonti und Boni, Kursdifferenzen

8000 Erlöse

nichtsteuerbare Umsatzerlöse, umsatzsteuerfreie Erlöse, mit 13% steuerpflichtige Erlöse, mit 6,5% steuerpflichtige Erlöse

8700 sonstige Erträge

Mieterlöse (Untervermietung), Provisionen, Erlöse aus Anlageverkäufen

2.1.4 Die Eröffnung der Konten

Zu Beginn des neuen Wirtschaftsjahres werden die Konten lt. Kontenplan eingerichtet (eröffnet), um die Geschäftsvorfälle auf Konten buchen zu können. Bei den Aktivkonten werden die Anfangsbestände aus der Schlußbilanz des Vorjahres auf die Sollseite (linke Seite) übernommen, bei den Passivkonten auf die Habenseite (rechte Seite):

Soll	0300 Fuhrpark	Haben
1.1.81	45.350	

Soll	0810 EK Kompl. Dorn	Haben
	1.1.81	746.826

Soll	1400 Fordg. LuL	Haben
1.1.81	689.300	

usf.

Soll	1600 Verb. LuL	Haben
	1.1.81	794.390

usf.

Alle weiteren Konten, die nicht über Bilanz abgeschlossen werden (Aufwandskonten, Ertragskonten, Privatkonten), beginnen im neuen Wirtschaftsjahr ohne Vortrag. Da jedoch die Bilanz auf das Ende des vorangegangenen Wirtschaftsjahres im allgemeinen nicht vor März/April des neuen Wirtschaftsjahres aufgestellt wird (zum Teil sogar erheblich später!), fehlen die Vorträge für die Bestandskonten (Aktiva, Passiva) bis zur Aufstellung der Bilanz und werden später nachgetragen.

Zur Eröffnung der Konten gehört noch folgende Arbeit:

Ein Blick auf den Umfang der Forderungen aus Lieferungen und Leistungen und der Verbindlichkeiten aus Lieferungen und Leistungen macht einsehbar, daß hinter dem Betrag von 689.300 DM eine Vielzahl von Kunden, hinter dem Betrag von 794.390 DM eine Vielzahl von Lieferanten steht. Es ist erforderlich, ein Kontokorrentbuch (Geschäftsfreundebuch) zu führen, das den Unternehmer über Stand und Entwicklung seiner Forderungen und Verbindlichkeiten gegenüber seinen einzelnen Schuldnern und Gläubigern auf dem laufenden hält. Für jeden Kunden und jeden Lieferanten wird ein besonderes Blatt (Konto) geführt mit Eintragung der Käufe/Verkäufe und der Zahlungen (Datum, Rechnungsnummer, Betrag, Ablagenummer etc.). Die Forderungen werden im Debitoren-Kontokorrent, die Verbindlichkeiten und deren Zahlung werden im Kreditoren-Kontokorrent festgehalten. Je nach Organisation des Rechnungswesens werden die Summen/Salden des Kontokorrents monatlich auf die Sachkonten »Forderungen aus Lieferungen und Leistungen« und »Verbindlichkeiten aus Lieferungen und Leistungen« übernommen.

Bei unbaren Geschäftsvorfällen (Zieleinkäufen, Zielverkäufen) müssen Entstehung der Forderung bzw. der Verbindlichkeit und die Zahlung (Tilgung) grundsätzlich als getrennte Geschäftsvorfälle behandelt werden. Unter dem Gesichtspunkt der »Ordnungsmäßigkeit der Buchführung« (vgl. später) wird es jedoch nicht beanstandet, wenn Waren- und Aufwandsrechnungen, die innerhalb von acht Tagen nach Rechnungseingang oder innerhalb der ihrem gewöhnlichen Durchlauf durch den Betrieb entsprechenden Zeit beglichen werden, kontokorrentmäßig nicht erfaßt, mit anderen Worten, wie Bargeschäfte buchhalterisch behandelt werden. Wenn die Anzahl der unbaren Geschäftsvorfälle (z.B. bei Handwerkern und Einzelhändlern) relativ klein ist, gelten für die Führung des Kontokorrents folgende Erleichterungen: Besteht kein laufender unbarer Geschäftsverkehr, so braucht kein Kontokorrent geführt zu werden, wenn für jeden Bilanzstichtag über die an diesem Tag vorliegenden Forderungen aus LuL und Verbindlichkeiten aus LuL Personenübersichten aufgestellt werden. Weiterhin können Handwerker und Einzelhändler Zieleinkäufe und Zielverkäufe kleineren Umfangs vereinfacht buchen. Sie brauchen lediglich Wareneinkäufe auf Kredit im Wareneingangsbuch in einer besonderen Spalte als Kreditgeschäft zu kennzeichnen und den Tag zu vermerken, an dem die Rechnung bezahlt wird. Kleinere Warenverkäufe auf Ziel einschließlich der späteren Zahlung müssen nur in einer Kladde festgehalten werden, die als Teil der Buchführung zu behandeln ist. Daneben müssen in diesem Fall für jeden Bilanzstichtag über die an diesen Stichtagen vorliegenden Forderungen aus LuL und Verbindlichkeiten aus LuL Personenübersichten aufgestellt werden.

Auch die Einrichtung dieser Kontokorrentunterlagen in vollständiger oder vereinfachter Form ist Teil der Eröffnung der Konten.

Nun kann gebucht werden!

2.2 Buchung laufender Geschäftsvorfälle

Bei der Vielzahl und Gleichförmigkeit der Geschäftsvorfälle des Wirtschaftsjahres 1981 wird die buchhalterische Behandlung ausgewählter Vorgänge sowie die Summe der Bewegungen auf allen Konten lt. Kontenplan (Summenzugänge im Soll und im Haben) dargestellt. Die Summenzugänge werden anschließend in den Hauptabschlußübersichtsbogen übernommen. Er bildet die Grundlage für den Jahresabschluß der Firma Dorn & Co KG auf den 31. Dezember 1981.

2.2.1 Investitionen beim Anlagevermögen

Am 30. März 1981 erwarb die Firma Dorn & Co KG einen Panzerschrank im Wert von 8.900 DM zuzüglich 13 % Umsatzsteuer (Vorsteuer), am 4. Mai 1981 einen LKW-Anhänger für 32.000 DM + 13% Umsatzsteuer und im Laufe des Wirtschaftsjahres 1981 mehrere Wirtschaftsgüter des Anlagevermögens mit Anschaffungskosten von nicht mehr als 800 DM, und zwar insgesamt für 5.800 DM zuzüglich 13% Umsatzsteuer.

Wie ist zu buchen? Welche weiteren Eintragungen sind vorzunehmen? Der Panzerschrank ist Teil der Betriebsausstattung und als Zugang über 8.900 DM auf der Sollseite des Kontos »0410 Betriebsausstattung« zu buchen, die 13% Umsatzsteuer (Vorsteuer) in Höhe von 1.157 DM als Vorsteuer auf der Sollseite des Kontos »1570 anrechenbare Vorsteuer«. Gegenüber der liefernden Unternehmung entsteht aus diesem Kauf eine Zahlungsverpflichtung in Höhe von 8.900 DM + 1.157 DM, die als Minderung des Bankkontos bei Zahlung im Haben des Kontos 1200 zu buchen ist.

In der Buchhaltungspraxis hat sich herausgebildet, daß auf dem Beleg, welcher der Buchung zugrunde liegt — hier auf der Rechnung der liefernden Unternehmung —, der Buchungssatz des jeweiligen Geschäftsvorganges vermerkt wird. Für den Erwerb des Panzerschrankes gegen Banküberweisung lautet dieser Buchungssatz:

Per	0410	Betriebsausstattung	8.900 DM	
per	1570	anrechenbare Vorsteuer	1.157 DM	
an	1200	Bank		10.057 DM.

Die Summe der Sollbuchungen und der Betrag der Habenbuchung stimmen überein.

Für den Buchungsvermerk auf dem Buchungsbeleg reicht folgende Kurzform:

0410	8.900 DM	
1570	1.157 DM	
/1200		10.057 DM

Im Gegensatz zu den Investitionen beim Umlaufvermögen (Wareneinkäufen auf Ziel), die über Kontokorrent laufen, werden Investitionen beim Anlagevermögen im allgemeinen erst nach Zahlung aufgrund der Bankauszüge gebucht. Etwas anderes gilt bei Anschaffung im alten und Zahlung im neuen Jahr. Der Zugang ist bereits im alten Jahr — und zwar mit der Inbetriebnahme des Anlagegutes — zu buchen; ihm steht auf der Passivseite eine »sonstige Verbindlichkeit« gegenüber. Die Anschaffung des Panzerschrankes wird zusätzlich in die Anlagekartei aufgenommen — mit Angabe des Datums der Anschaffung, der Nutzungsdauer in Jahren gemäß AfA-Tabellen und mit Angabe des linearen AfA-Satzes (vgl. die Eintragung in die Anlagekartei in Kapitel 2.1.1).

Bei dem Vortrag von 68.520 DM auf den 1. Januar 1981 zeigt das Konto 0410 somit folgendes Bild:

Soll	**0410 Betriebsausstattung**		**Haben**
	DM		DM
1.1.1981 EB	68.520		
30.3.1981 1200	8.900		

Die Angabe des jeweiligen Gegenkontos — hier »1200 Bankkonto« — und einer Belegnummer (Ablage) ermöglicht eine Rückverfolgung des Weges von der Buchung über den Beleg zum Geschäftsvorgang. Weitere Geschäftsvorgänge fielen 1981 auf dem Konto »0410 Betriebsausstattung« nicht an. Abschreibungen auf Anlagekonten werden erst bei Vornahme des Jahresabschlusses gebucht.

Die Anschaffung des LKW-Anhängers am 4. Mai 1981 über 32.000 DM zuzüglich 13 % Umsatzsteuer wird in gleicher Weise wie die Anschaffung der Betriebsausstattung gebucht. Der Zugang erscheint auf der Sollseite des Kontos »0300 Fuhrpark«:

Soll	**0300 Fuhrpark**		**Haben**
	DM		DM
1.1.81 EB	45.350		
4.5.81 1200	32.000		

Auch auf diesem Anlagekonto fanden 1981 keine weiteren Bewegungen statt.

Das Konto »0480 Geringwertige Wirtschaftsgüter des Anlagevermögens (GWG)« weist bei einem Vortrag von 1 DM verschiedene Zugänge auf der Sollseite aus, deren Summe sich auf 5.800 DM stellt. Angeschafft oder hergestellt wurden verschiedene Wirtschaftsgüter mit Anschaffungs- oder Herstellungskosten zwischen 100 DM und 800 DM, wie die Schreibmaschinen, Büromöbel usw. Soweit die Anschaffungs- oder Herstellungskosten den Betrag von 100 DM nicht übersteigen (Taschenrechner, Kugelschreiber u.ä.), handelt es sich um Büromaterial, also Verwaltungskosten, und nicht um GWG.

Soll	**0480**	**GWG**	**Haben**
	DM		DM
1.1.81 EB	1		
...			
...	5.800		
...			

Um die Voraussetzungen für die Inanspruchnahme der Bewertungsfreiheit nach § 6 Abs. 2 EStG in jedem einzelnen Fall nachprüfen bzw. beweisen zu können (finanzamtliche Betriebsprüfung!), sind die Geringwertigen Wirtschaftsgüter des Anlagevermögens einzeln in einem besonderen Verzeichnis festzuhalten mit Angabe des Lieferanten, der Art des Anlagegutes, Datum der Anschaffung oder Herstellung, Höhe der Anschaffungs- oder Herstellungskosten, Belegnummer usw. Dieses Verzeichnis entspricht in seinem Aufbau dem Anlageverzeichnis.

Auf dem Konto »0550 Firmenwert« haben im Wirtschaftsjahr 1981 keine Bewegungen stattgefunden. Der Betrag von 235.000 DM wird unverändert von einer Schlußbilanz in die folgende Schlußbilanz übertragen.

2.2.2 Die Umsatzsteuer im Rechnungswesen

Kehren wir zu einer der Investitionen beim Anlagevermögen zurück: Am 30. März 1981 erwarb die Firma Dorn & Co KG einen Panzerschrank im Wert von 8.900 DM zuzüglich 13 % Umsatzsteuer (Vorsteuer).

Der Buchungssatz lautete:

Per	0410	Betriebsausstattung	8.900 DM	
per	1570	anrechenbare Vorsteuer	1.157 DM	
an	1200	Bank		10.057 DM.

Die beim Einkauf von Gegenständen des Anlagevermögens und des Umlaufvermögens (Waren, Roh-, Hilfsstoffe u.ä.) sowie bei vielen Betriebsausgaben wie Aufwendungen für Büromaterial, Benzin usw. (nicht dagegen bei Personalkosten, Telefonkosten u.a.) anfallende Umsatzsteuer wird auch als Vorsteuer bezeichnet. Die Höhe dieser Vorsteuer geht aus den Einkaufsrechnungen bzw. sonstigen Belegen (Quittungen) hervor. Die Anforderungen an die Rechnungen, Kleinbetragsrechnungen (Rechnungen bis zu einem Gesamtbetrag von 200 DM) sowie an Fahrausweise u.ä. sind für den Vorsteuerabzug detailliert in den §§ 14, 15 UStG und §§ 31-43 UStDV geregelt. Die Umsätze der vorliegenden Kommanditgesellschaft sind umsatzsteuerbar und steuerpflichtig; damit ist die anfallende Vorsteuer voll abzugsfähig (»anrechenbare Vorsteuer«), d.h., sie wird mit der den Kunden auf den Rechnungen offen berechneten Umsatzsteuer saldiert (Vorsteuerabzug). Ein sich dabei ergebender Überhang an Umsatzsteuer ist dem Finanzamt auf einem finanzamtlichen Vordruck (Umsatzsteuer-Voranmeldung) mitzuteilen und dieser Betrag bis zum 10. des dem Voranmeldungszeitraum folgenden Monats an die Finanzkasse zu überweisen (Zahllast). Voranmeldungszeitraum ist regelmäßig der Kalendermonat. Soweit die Steuer für das vorangegangene Kalenderjahr nicht mehr als 6.000 DM betrug, ist das Kalendervierteljahr Voranmeldungszeitraum (§ 18 UStG). Für den

Abzug der Vorsteuer sowie für die Buchung der Umsatzsteuer und damit Saldierung zur Zahllast kommt es regelmäßig nicht darauf an, ob die Rechnungen der Lieferanten durch den Unternehmer bereits bezahlt sind bzw. ob die Kunden unsere Forderungen (einschließlich der von uns in Rechnung gestellten Umsatzsteuer) schon beglichen haben (Besteuerung nach vereinbarten Entgelten = Sollbesteuerung). Die Möglichkeit der Berechnung der Umsatzsteuerzahllast nach vereinnahmten Entgelten ist in § 20 UStG auf bestimmte Kleinunternehmer und freiberuflich tätige Unternehmer beschränkt. Sollte die anrechenbare Vorsteuer die Umsatzsteuer in einem Voranmeldungszeitraum übersteigen, entsteht dem Unternehmer in Höhe des Unterschiedsbetrages ein Forderungsanspruch gegenüber dem Staat (Finanzamt).

Im Wirtschaftsjahr 1981 ergaben sich folgende Soll- und Habensummen auf den Konten »1570 anrechenbare Vorsteuer« und »1870 Umsatzsteuer«:

Soll	**1570 anrechenbare Vorsteuer**		**Haben**
	DM		DM
1. 1.81 bis 31.12.81	678.314	1. 1.81 bis 31.12.81	632.904

Soll	**1870 Umsatzsteuer**		**Haben**
1. 1.81 bis 31.12.81	617.684	1. 1.81 bis 31.12.81	835.912

Auf dem Konto »1570 anrechenbare Vorsteuer« bildet der Betrag in Höhe von 678.314 DM auf der Sollseite die Summe der vom 1. Januar 1981 bis zum 31. Dezember 1981 angefallenen abzugsfähigen Vorsteuer. Der Habensumme in Höhe von 632.904 DM liegen verschiedene Geschäftsgänge und Buchungen zugrunde, zum Beispiel:

— **Warenrücksendungen an Lieferanten** über 1.130 DM einschließlich darin mit 13% enthaltener Vorsteuer.

Buchung:

Per	1600	Verbindlichkeiten aus LuL (Kreditorenkontokorrent!)	1.130 DM	
an	3000	Wareneinkauf		1.000 DM
an	1570	anrechenbare Vorsteuer		130 DM.

— **Banküberweisung einer Lieferantenrechnung** über 20.000 DM + 2.600 DM Vorsteuer mit Abzug von 2% Skonto.

Buchung:

Per	1600	Verbindlichkeiten aus LuL (Kreditorenkontokorrent)	22.600 DM	
an	1200	Bank		22.148 DM
an	2500	a.o. Erträge (in praxi auch Konto: 8700)		400 DM
an	1570	anrechenbare Vorsteuer		52 DM.

Der weitaus größte Teil dieser Habensumme entfällt auf die für die Voranmeldungszeiträume Januar bis November 1981 anrechenbare Vorsteuer, die für die Berechnung der Zahllast dieser Monate auf das Konto »1870 Umsatzsteuer« umgebucht wurde.

Das Konto »1870 Umsatzsteuer« weist im Haben die den Kunden belastete Umsatzsteuer für das Wirtschaftsjahr 1981 aus. Die Sollsumme in Höhe von 617.684 DM gliedert sich in

— für Januar bis November 1981 vom Konto 1570 übernommene anrechenbare Vorsteuer,

— verschiedene Umsatzsteuer-Minderungen, wie zum Beispiel durch:

— **Warenrücksendungen von Kunden** (Betrag 1.130 DM einschließlich 13% Umsatzsteuer).

Buchung:

Per	8000	Warenumsatzerlöse	1.000 DM	
per	1870	Umsatzsteuer	130 DM	
an	1400	Forderungen aus LuL (Debitorenkonto-korrent!)		1.130 DM.

— **Banküberweisung eines Kunden mit 2% Skontoabzug** (Rechnungsbetrag inkl. 13% Umsatzsteuer: 22.600 DM).

Buchung:

Per	1200	Bank	22.148 DM	
per	2135	Kosten des Geld- und Warenverkehrs (gewährte Skonti)	400 DM	
per	1870	Umsatzsteuer	52 DM	
an	1400	Forderungen aus LuL (Debitorenkonto-korrent!)		22.600 DM.

Nach Übernahme des Saldos aus Konto 1570 weist das Konto 1870 die sich für Dezember 1981 ergebende, zum 10. Januar 1982 fällige Umsatzsteuer-Zahllast aus, hier einen Betrag von 172.818 DM. Dieser am 31.12.1981 bestehende Schuldposten wird im Rahmen der Nach-, Um- und Abschlußbuchungen (vgl. später) auf das Konto »1800 Sonstige Verbindlichkeiten« übernommen und durch Zahlung am 10. Januar 1982 ausgeglichen.

2.2.3 Ein- und Verkäufe von Waren

Da die Grundsätze des Rechnungswesens eine Trennung von Bestands- und Erfolgskonten verlangen, wird der Warenverkehr auf zwei Konten gebucht, auf

3000 Wareneinkaufskonto und
8000 Warenverkaufskonto (Warenumsatzerlöse).

Das Wareneinkaufskonto nimmt im Soll den Warenanfangsbestand auf, im Beispiel am 1. Januar 1981 (31.12.1980) in Höhe von 819.406 DM; zudem werden auf der Sollseite die Wareneinkäufe und sämtliche Warenbezugs- und -nebenkosten gebucht, wie Eingangsfrachten, Einfuhrzölle usw. Je nach Umfang und Bedeutung dieser Nebenkosten werden diese auch auf Unterkonten geführt, die für den Jahresabschluß über das Konto »3000 Wareneinkauf« abgeschlossen werden.

Auf der Habenseite werden Warenrücksendungen an Lieferanten, nachträgliche Kaufpreisminderungen usw. geführt.

Das Konto »3000 Wareneinkauf« der Firma Dorn & Co KG zeigt für 1981 folgendes Bild; die gesamten Soll- und Habenzugänge werden vereinfachend wiederum in einer Summe dargestellt:

Soll		3000 Wareneinkauf			Haben
		DM			DM
1. 1.81	Bestand	819.406	1. 1.81 bis 31.12.81	Retouren	3.012
1. 1.81 bis 31.12.81	Zugänge	4.316.211			

Für die Zugänge an Waren ist bei Zieleinkäufen das Gegenkonto »1600 Verbindlichkeiten aus LuL« (Kreditorenkontokorrent), bei Bareinkäufen sind es die Konten »1000 Kasse« oder »1200 Bank«.

Die Warenverkäufe (ohne Umsatzsteuer) werden im Haben des Kontos »8000 Warenumsatzerlöse« gebucht, im Wirtschaftsjahr 1981 ein Betrag von insgesamt 6.430.088 DM. Rücksendungen von Kunden, nachträglich gewährte Preisnachlässe usw. erscheinen im Soll (1981: 0 DM).

Das Kontenbild:

Soll	**3000 Warenumsatzerlös**			**Haben**
	DM			DM
		1. 1.81 bis 31.12.81	Verkäufe	6.430.088

Die Konten »1000 Kasse« und »1200 Bank« sind die Gegenkonten der Barverkäufe; Gegenkonto der Zielverkäufe ist das Konto »1400 Forderungen aus LuL« (Debitorenkontokorrent).

2.2.4 Weitere Aufwands- und Erfolgskonten

Ein flüchtiger Blick auf die Ein- und Verkäufe des Wirtschaftsjahres 1981 könnte — ohne Berücksichtigung des Warenanfangs- und -endbestandes — den Eindruck vermitteln, die Kommanditgesellschaft habe ausgezeichnet verdient, »über den Daumen: rund 2 Millionen DM«. Schön wär's!

Von diesem Betrag sind noch abzusetzen:

Kosten des Geld- und Warenverkehrs,

Personalkosten,

Raumkosten,

betriebliche Steuern,

Verwaltungskosten,

Vertriebskosten und -»last not least«-

Abschreibungen auf Anlage- und Umlaufvermögen sowie weitere bei der Aufstellung des Jahresabschlusses zu berücksichtigende Gewinnminderungen.

Zu diesen einzelnen Aufwandsarten: Da das Grundschema der Buchung bei vielen Aufwendungen dem der Buchung von Anschaffungen von Waren sowie von Gegenständen des Anlagevermögens entspricht,

per 4..... Aufwendungen
per 1570 anrechenbare Vorsteuer
an 1200 Bank bzw. 1000 Kasse,

werden die Kontenbilder einzelner Aufwendungen aus dem Rechnungswesen der Kommanditgesellschaft ohne ergänzende Kommentierung wiedergegeben.

Soll — 4200 Raumkosten — Haben

	DM		DM
1. 1.81 bis 31.12.81	63.105		

Soll — 4400 Verwaltungskosten — Haben

	DM		DM
1. 1.81 bis 31.12.81	121.637		

Soll — 4600 Vertriebskosten — Haben

	DM		DM
1. 1.81 bis 31.12.81	397.689		

In der Regel ohne Anfall von Vorsteuern:

Soll	2135 Kosten des Geld- und Warenverkehrs	Haben
	DM	DM
1. 1.81 bis 31.12.81	219.004	

Und stets ohne Vorsteuern (es sei denn, »gemietetes« Personal):

Soll	4100 Personalkosten	Haben
	DM	DM
1. 1.81 bis 31.12.81	929.931	

Diese Summe von 929.931 DM umfaßt die Bruttolöhne und -gehälter, gesetzliche und freiwillige soziale Aufwendungen, Personalverpflegung usw. (vgl. Kapitel 2.1.3).

Auf dem Konto »4330 Betriebliche Steuern« wurden 1981 folgende Posten gebucht:

Soll	4330 Betriebliche Steuern	Haben
	DM	DM
15. 2.81 Bank	10.000	
13. 5.81 Bank	10.000	
4. 7.81 Bank	29.000	
15. 8.81 Bank	10.000	
15.11.81 Bank	10.000	

Die Zahlungen jeweils zum Fälligkeitstag 15. Februar, Mai, August und November über je 10.000 DM wurden als Vorauszahlung auf die Gewerbesteuer 1981 geleistet. Der Gewerbesteuerbescheid 1980 vom 6. Juni 1981 forderte eine Nachzahlung in Höhe von 29.000 DM, die am 4. Juli per Bank überwiesen wurde. In der Bilanz auf den 31.12.1980 war dafür eine Gewerbesteuer — Rückstellung in Höhe von 29.900 DM gebildet worden.

Und abschließend unter den Aufwands- und Ertragskonten das Konto »8700 Sonstige Erträge«:

Soll — 8700 Sonstige Erträge — Haben

Soll	DM	Haben	DM
		1. 1.81 bis 31.12.81	4.212

2.2.5 Privatentnahmen und Privateinlagen

Privatentnahmen und Privateinlagen werden auf dem Privatkonto gebucht, einem Unterkonto des Eigenkapitalkontos. Privatentnahmen werden im Soll dieses Kontos (Gegenkonto: Kasse oder Bank im Haben), Einlagen im Haben gebucht (Gegenkonto: Kasse oder Bank im Soll).

Welche Privatentnahmen und Privateinlagen tätigte der Komplementär Dorn im Wirtschaftsjahr 1981? Hier die Kontensummen:

Soll — 1910 Privatkonto Dorn — Haben

Soll	DM	Haben	DM
1. 1.81 bis 31.12.81	137.083	1. 1.81 bis 31.12.81	17.609

Der Kommanditist Beer hat nach § 169 HGB nur Anspruch auf Auszahlung des auf ihn entfallenden Gewinnanteils; Ausschüttungen (Privatentnahmen) sind nur zulässig, wenn die vereinbarte Einlage voll geleistet worden ist. Beer hat seine Einlage in Höhe von 240.000 DM voll erbracht, verfügt zudem über ein variables Eigenkapitalkonto (nicht entnommene Gewinne früherer Wirtschaftsjahre) in Höhe von 45.918 DM und ist zudem aufgrund einer Vereinbarung mit Dorn zur Entnahme als Vorweg auf den voraussichtlichen Gewinnanteil bis zu 2.000 DM monatlich berechtigt. In diesem gesetzlichen und vertraglichen Rahmen bewegten sich die Privatentnahmen des Teilhafters Beer im Wirtschaftsjahr 1981:

Soll — **1920 Privatkonto Beer** — **Haben**

		DM			DM
1. 1.81 bis 31.12.81		63.711			

2.2.6 Bewegungen auf den weiteren Bilanzkonten

Soll — **1000 Kasse** — **Haben**

		DM			DM
1. 1.81	Bestand	5.290	1. 1.81 bis 31.12.81	Ausgänge	297.319
1. 1.81 bis 31.12.81	Eingänge	294.710			

Soll — **1200 Bank** — **Haben**

		DM			DM
1. 1.81	Bestand	149.715	1. 1.81 bis 31.12.81	Ausgänge	9.859.998
1. 1.81 bis 31.12.81	Eingänge	9.834.217			

Soll — 1400 Forderungen aus LuL — Haben

		DM			DM
1. 1.81	Bestand	689.300	1. 1.81 bis 31.12.81		7.107.800
1. 1.81 bis 31.12.81		7.266.000			

Die Soll- und Habenbeträge wurden monatlich in einer Summe aus dem Debitorenkontokorrent auf das Sachkonto »1400 Forderungen aus LuL« übernommen.

Soll — 1500 Sonstige Forderungen — Haben

		DM			DM
1. 1.81	Bestand	13.912	1. 1.81 bis 31.12.81		87.212
1. 1.81 bis 31.12.81		84.400			

Soll — 1600 Verbindlichkeiten aus LuL — Haben

		DM			DM
1. 1.81 bis 31.12.81		4.870.769	1. 1.81	Bestand	794.390
			1. 1.81 bis 31.12.81		4.877.319

Entsprechend dem Verfahren bei den Forderungen aus LuL wurden die Soll- und Habenbeträge monatlich in einer Summe aus dem Kreditorenkontokorrent auf das Sachkonto »1600 Verbindlichkeiten aus LuL« übertragen.

Soll — 1800 Sonstige Verbindlichkeiten — Haben

		DM			DM
1. 1.81 bis 31.12.81		148.220	1. 1.81	Bestand	153.620
			1. 1.81 bis 31.12.81		5.000

Soweit zu den laufenden Geschäftsvorfällen und deren buchhalterischen Behandlung im Wirtschaftsjahr 1981. Wie geht der Weg weiter zum Jahresabschluß auf den 31. Dezember 1981?

2.3 Der Weg zum Jahresabschluß

2.3.1 Umsatz-, Summen- und Saldenbilanz

Wenn nicht besondere Umstände vorliegen, zum Beispiel Warten auf das Ergebnis einer vorangegangenen Betriebsprüfung durch das Finanzamt, wird der Jahresabschluß im allgemeinen in den ersten Monaten des folgenden Wirtschaftsjahres erstellt. Nach § 148 AktG hat der Vorstand einer Aktiengesellschaft in den ersten drei Monaten des Geschäftsjahres für das vergangene Geschäftsjahr die Jahresbilanz und die Gewinn- und Verlustrechnung (Jahresabschluß) sowie den Geschäftsbericht aufzustellen und den Abschlußprüfern vorzulegen. Die gleiche Verpflichtung besteht für Geschäftsführer einer GmbH gem. § 41 (2) GmbH-Gesetz.

Nach den Inventurarbeiten besteht der nächste Schritt in der Aufrechnung der Konten. Wenn keine Buchungs-, Schreib- oder Rechenfehler bei den Kontenzahlen passierten, müssen Soll- und Habensummen rechnerisch übereinstimmen. Ein Fehler muß gesucht und berichtigt werden!

Die Summenzugänge (Umsatzbilanz) der Firma Dorn & Co KG weisen aufgrund der o.a. Konten für die Zeit vom 1. Januar bis zum 31. Dezember 1981 folgende Zahlen aus:

Konto-Nr.	Konto	Soll	Haben
0300	Fuhrpark	32.000	
0410	Betriebsausstattung	8.900	
0480	GWG	5.800	
1000	Kasse	294.710	297.319
1200	Bank	9.834.217	9.859.998
1400	Debitoren	7.266.000	7.107.800
1500	sonstige Forderungen	84.400	87.212
1570	anrechenbare Vorsteuer	678.314	632.904
1600	Kreditoren	4.870.769	4.877.319
1800	sonstige Verbindlichkeiten	148.220	5.000
1870	Umsatzsteuer	617.684	835.912
1910	Privat Dorn	137.083	17.609
1920	Privat Beer	63.711	
2135	Kosten des Geld- und Warenverkehrs	219.004	
3000	Wareneinkauf	4.316.211	3.012
4100	Personalkosten	929.931	
4200	Raumkosten	63.105	
4330	Steuern	69.000	
4400	Verwaltungskosten	121.637	
4600	Vertriebskosten	397.689	
8000	Erlöse		6.430.088
8700	sonstige Erträge		4.212
Summe		30.158.385	30.158.385

Diese Werte werden in die Umsatzbilanz (Summenzugänge) der Hauptabschlußübersicht (Abschlußblatt) übertragen und mit den Werten aus der Eröffnungsbilanz (Konto-Vorträge) zur Summenbilanz zusammengefaßt. Vgl. die Hauptabschluß-Übersicht für die Zeit vom 1.1.1981 bis 31.12.1981 der Firma Dorn & Co KG! Aus der Summenbilanz wird die Saldenbilanz abgeleitet.

2.3.2 Nach-, Um- und Abschlußbuchungen, Inventur- und Erfolgsbilanz

Bevor die Werte der Saldenbilanz auf die Inventurbilanz (Abschlußbilanz) und die Erfolgsbilanz (Gewinn- und Verlustrechnung) verteilt werden können und damit das Ergebnis dieses Wirtschaftsjahres feststeht, sind eine Reihe von »vorbereitenden Abschlußbuchungen« (Nach-, Um- und Abschlußbuchungen) vorzunehmen. Diese in der Liste der »Nach-, Um- und Abschlußbuchungen zum 31. Dezember 1981« zusammengestellten Buchungen (Buchungssatz mit Begründung, Angabe der Konten-Nr. und der Beträge) betreffen im vorliegenden Fall:

Vorgang 1 - 3: Abschreibungen (Absetzung für Abnutzung) auf das Anlagevermögen

Vorgang 4 - 5: Auflösung der alten und Bildung der neuen Wertberichtigung auf Forderungen aus LuL

Vorgang 6: Berichtigungsbuchung der Gewerbesteuer — Nachzahlung und Auflösung der alten Rückstellung

Vorgang 7: Auflösung der alten aktiven RAP

Vorgang 8 - 9: Vorsteuerabzug und Passivierung der Umsatzsteuerzahllast Dezember 1981

Vorgang 10: Passivierung nachgeforderter Lohnsteuer

Vorgang 11: Ausbuchung einer uneinbringlichen sonstigen Forderung

Vorgang 12 - 13: Abschluß Privatkonten über Kapitalkonten

Vorgang 14: Trennung des Kontos 3000 in Bestands- und Erfolgskonto

Vorgang 15: Passivierung der Gewerbesteuer — Rückstellung auf den 31. Dezember 1981 lt. besonderer Berechnung.

Nach-, Um- und Abschlußbuchungen zum 31. Dezember 1981

Vorgang	Konto-Nr.	Soll	Haben
1. Verwaltungskosten (in praxi: Unterkonto »Fuhrparkkosten«)	4400	19.540	
an Fuhrpark Abschreibung 1981 lt. Anlagenkartei	0300		19.500
2. Abschreibungen auf AV	4850	9.115	
an Betriebsausstattung Abschreibung 1981 lt. Anlagenkartei	0410		9.115
3. Abschreibung auf AV	4850	5.800	
an GWG für Inanspruchnahme der Bewertungsfreiheit des § 6 Abs. 2 EStG	0480		5.800
4. Wertberichtigung auf Fdg.	0920	18.300	
an a.o. und per. fr. Erträge Auflösung der zum 31.12.80 gebildeten Wertberichtigung auf Forderungen aus LuL	2500		18.300
5. Abschreibung auf UV	4880	22.500	
an Wertberichtigung a/Fdg. Bildung einer 3%igen Wertberichtigung auf die Forderungen aus LuL zum 31.12.81: 847.500 DM ./. USt 97.500 DM Nettoforderung 750.000 DM	0920		22.500
6. Steuer-Rückstellung	0930	29.900	
an betriebliche Steuern	4330		29.000
an a.o. und per. fr. Erträge Steuernachzahlung 1980	2500		900

Betr.: Firma DORN & Co KG

Blatt Nr. ....

Hauptabschluß-Übersicht für die Z

Kontenbezeichnung			1 Eröffnungsbilanz (Vorträge zum Beginn des Wirtschaftsjahres ......)		2 Summenzugänge		3 Gesamt-Summe der Spalten 1 und 2	
			Aktiva	Passiva	Soll	Haben	Soll	Haben
Fuhrpark	1	0300	45350		52000		77350	
Betriebsausstattung	2	0410	68520 -		8500 -		77420 -	
GWG	3	0480	1 -		5800 -		5801 -	
Firmenwert	4	0550	235000 -				235000 -	
Kapital Komplementär Dorn	5	0810		746826 -				746826 -
festes Kap. Komm. Beer	6	0820		240000 -				240000
var. " " "	7	0821		45918 -				45918 -
Wertberichtigung a/Ford	8	0920		18300 -				18300
Steuer-Rückstellung	9	0930		29900				29900 -
Aktive RAP	10	0980	2460 -				2460 -	
Kasse	11	1000	5290		294710 -	297319	300000	297319
Bank	12	1200	149715 -		9834217 -	9859948	9983932 -	9859948
Forderungen aus LuL	13	1400	689300 -		7266000	7107800	7955300 -	7107800
Sonstige Forderungen	14	1500	13912 -		84400	87212 -	98312 -	87212 -
Anrechenbare Vorsteuern	15	1570			678314 -	632904 -	678314 -	632904 -
Verbindlichkeiten aus LuL	16	1600		794390 -	4870769 -	4877319 -	4870769 -	5671709 -
Sonstige Verbindlichkeiten	17	1800		153620 -	148220 -	5000 -	148220 -	158620
Umsatzsteuer	18	1870			617684 -	835912 -	617684	835912 -
Privatkonto Dorn	19	1910			137083	17609 -	137083 -	17609 -
" Beer	20	1920			63711 -		63711 -	
a.o. und periodenfremde Aufwand	21	2000						
Kosten d. Geld- u. Warenverkehrs	22	2135			219004 -		219004 -	
a.o. und per.fr. Erträge	23	2500						
Wareneinkauf	24	3000	819400 -		4316211 -	3012 -	5135617 -	3012 -
Personalkosten	25	4100			929931		929931 -	
Raumkosten	26	4200			63105 -		63105 -	
Betriebliche Steuern	27	4330			69000		69000	
Verwaltungskosten	28	4400			121637 -		121637 -	
Vertriebskosten	29	4600			397689		397689 -	
Abschreibung auf AV	30	4850						
" " UV	31	4880						
Erlöse	32	8000				6430088		6430088
Sonstige Erträge	33	8700				4212 -		4212 -
Summe	34		2028954	2028954 -	30158385	30158385	32187339	32187339 -
	35							

t vom 1. 1 19 81 bis 31.12 19 81 Finanzamt X-hausen
St.-Nr.

Falzkante

4		5				6		7		
Saldenbilanz (Salden der Summen Spalte 3)		Nach-, Um- und Abschlußbuchungen		Bemerkungen		Abschluß-Bilanz		Gewinn- und Verlust-Rechnung		
Soll	Haben	Soll	Haben			Aktiva	Passiva	Aufwand	Ertrag	
77350			19540 -		1)	57810 -				1
77420 -			9115 -		2)	68305 -				2
5801 -			5800 -		3)	1 -				3
235000 -						235000 -				4
	746826 -	119474 -		12)			627352 -			5
	240000 -						240000 -			6
	45918 -	63711 -		13)		17793 -				7
	18300 -	18300 -	22500 -	4)	5)		22500 -			8
	29900 -	29900 -	3755 -	6)	15)		3755 -			9
2460 -			2460 -		7)	-				10
2681 -						2681 -				11
123934 -						123934 -				12
847500 -						847500 -				13
11100 -			1100 -		11)	10000 -				14
45410 -			45410 -		8)					15
	890940 -						800940 -			16
	10400 -		1450 - 172818 -		10) 9)		184668 -			17
	218228	172818 - 45410 -			9) 8)					18
119474 -			119474 -		12)					19
63711 -			63711 -		13)					20
		1100 -		11)				1100 -		21
219004 -								219004 -		22
			900 - 18300 -		6) 4)				19200 -	23
5132605 -					14)	805100 -		4327505 -		24
929951 -		1450 -		10)				331381 -		25
63105 -								63105 -		26
69000		3755 -	29000 -	15)	6)			43755 -		27
121637 -		2460 - 19540 -		7) 1)				143637 -		28
397689 -								397689 -		29
		5800 - 9115 -		3) 2)				14915 -		30
		22500 -		5)				22500 -		31.
	6430088 -								6430088 -	32
	4212 -								4212 -	33
8544812 -	8544812 -	515333 -	515333 -			2168124 -	1879215 -	6164591 -	6453500	34
				Gewinn		1981	288909 -	288909 -		35
						2168124 -	2168124	6453500 -	6453500 -	

Vorgang	Konto-Nr.	Soll	Haben
lt. GewSt-Bescheid vom 6.6.81 29.000 DM; gebucht über Konto 4330			
7. Verwaltungskosten	4400	2.460	
an Aktive RAP	0960		2.460
Auflösung der zum 31.12.80 gebildeten aktiven RAP für am 1.7.80 gezahlte Prämie über 4.920 DM (Versicherungszeitraum 1.7.1980-30.6.81)			
8. Umsatzsteuer	1870	45.410	
an anrechenbare Vorsteuer	1570		45.410
Übertragung der Vorsteuer auf Umsatzsteuer			
9. Umsatzsteuer	1870	172.818	
an sonstige Verbindlichkeit	1800		172.818
Übernahme der Zahllast Dezember 1981 auf sonstige Verbindlichkeiten			
10. Personalkosten	4100	1.450	
an sonstige Verbindlichkeit	1800		1.450
Nachzahlungsverpflichtung an Lohnsteuer lt. Lohnsteueraußenprüfung Dezember 1981			
11. a.o. und per. fr. Aufwand	2000	1.100	
an sonstige Forderungen	1500		1.100
Von den sonstigen Forderungen, denen kein steuerbarer Umsatz zugrunde liegt, sind 1.100 DM uneinbringlich			
12. Kapital Dorn	0810	119.474	
an Privatkonto Dorn	1910		119.474
Übernahme der Privatentnahmen auf Eigenkapitalkonto			
13. Variables Kapital Beer	0821	63.711	
an Privatkonto Beer	1920		63.711
Übernahme der Privatentnahmen auf Eigenkapital			

Vorgang	Konto-Nr.	Soll	Haben
14. Warenbestand lt. Inventur[1] 805.100 DM;			
15. Betriebliche Steuern	4330	3.755	
an Steuer-Rückstellung Einbuchung der Rückstellung für Gewerbesteuer lt. Sonderberechnung	0930		3.755
Summe		515.333	515.333

(**Anmerkung:** Die Darstellung in der Hauptabschlußübersicht entspricht der in der Praxis üblichen Bruttomethode, d.h. der Betrag in Höhe von 5.132.605 DM wird aufgeteilt auf
805.100 DM Abschluß-Bilanz und
4.327.505 DM GuV-Rechnung (Wareneinsatz);
Es ist aber auch üblich, den Wareneinsatz auf das Konto 8000 zu übernehmen; (vgl. auch die Darstellung in der Gewinn- und Verlustrechnung 1.1.-31.12.1981).

Berechnung der Gewerbesteuer-Rückstellung zum 31.12.1981

Vorläufiger Gewinn aus Gewerbebetrieb 1981	292.664
+ Vorauszahlung auf die Gewerbesteuer	40.000
	332.664
auf volle 100 DM abgerundet	332.600
./. Freibetrag gem. § 11 (1) GewStG	36.000
	296.600
davon 5 % = hilfsweiser Steuermeßbetrag	14.830
Einheitswert des gewerblichen Betriebes	1.040.000
./. Freibetrag gem. § 13 (1) GewStG	120.000
	920.000
2 ‰ = Meßbetrag des Gewerbekapitals	1.840
hilfsweiser einheitlicher Meßbetrag	16.670
davon 300 % Hebesatz	50.310
geteilt durch 1,15	43.748
./. Gewerbesteuer-Vorauszahlungen	40.000
noch nicht verprobte Rückstellung	3.748

Verprobung dieser Rückstellung:

Vorläufiger Gewinn aus Gewerbebetrieb	292.664
./. noch nicht verprobte Rückstellung	3.748
berichtigter Gewinn	288.916
abgerundet auf voll 100 DM	288.900
./. Freibetrag gem. § 11 (1) GewStG	36.000
	252.900
davon 5% = Steuermeßbetrag des Gewerbeertrages	12.645
+ Steuermeßbetrag des Gewerbekapitals	1.840
einheitlicher Steuermeßbetrag	14.585
davon 300% Hebesatz = Gewerbesteuer 1981	43.755
./. Gewerbesteuer-Vorauszahlungen	40.000
Steuer-Rückstellung auf den 31.12.1981	3.755

Diese Nach-, Um- und Abschlußbuchungen passen die Bestandskonten an die auf den 31. Dezember 1981 durch Inventur ermittelten Werte an, soweit keine Übereinstimmung zwischen Schlußsaldo auf dem Konto und Inventarwert besteht. Diese Übereinstimmung ist in diesem Fall gegeben bei den Geldkonten (d.h. Banksaldo lt. Konto = Banksaldo lt. Kontenauszug des Kreditinstituts), den Forderungen und Verbindlichkeiten aus Lieferungen und Leistungen (Übereinstimmung zwischen Kontensaldo und den Debitoren- und Kreditorensaldenlisten). Nach Vornahme der AfA deckt sich der Betrag auf den Anlagenkonten (0300, 0410, 0480) mit den Werten in der firmenseitig geführten Anlagenkartei. Die Gewerbesteuer-Rückstellung läßt sich nicht bereits bei den Inventurarbeiten bestimmen; sie wird erst bei der Aufstellung der Hauptabschlußübersicht durch besondere Rechnung ermittelt. Das gilt im allgemeinen auch für die Posten der Jahresabgrenzung sowie für die sonstigen Forderungen und Verbindlichkeiten.

Der Jahresgewinn 1981 stellt sich auf 288.909 DM.

2.3.3 Gewinnverteilung bei der Firma Dorn & Co KG

Der zwischen dem Komplementär Dorn und dem Kommanditisten Beer bestehende Gesellschaftsvertrag sieht folgende Gewinnverteilung und Entnahmeberechtigung für den Teilhafter vor:

a) Der Gesellschafter Dorn erhält für seine Tätigkeit als Geschäftsführer der Gesellschaft eine Tätigkeitsvergütung von 5.000 DM monatlich.

b) Die Kapitalkonten der Gesellschafter — bei Beer das feste sowie das variable Eigenkapital — werden mit 4% p.a. verzinst. Berechnungsgrundlage ist das arithmetische Mittel aus Anfangskapital und Endkapital (korrigiert um Privatentnahmen und Privateinlagen), auf volle 100 DM abgerundet.

c) Der Restgewinn wird auf die Gesellschafter Dorn und Beer im Verhältnis 2 : 1 verteilt.

d) Der Kommanditist Beer ist bis zur Höhe seines variablen Kapitals (= nicht entnommene Gewinne aus früheren Jahren) zuzüglich 2.000 DM monatlich als Vorweg auf den voraussichtlichen Gewinnanteil entnahmeberechtigt.

Wie ist der Gewinn aus Gewerbebetrieb für 1981 in Höhe von 288.909 DM nach dieser Vereinbarung auf die beiden Gesellschafter zu verteilen?

Gewinnverteilung 1981

	Dorn	Beer	Summe
Tätigkeitsvergütung	60.000	—	60.000
Kapitalverzinsung lt. Sonderberechnung	27.480	10.160	37.640
Restverteilung (2 : 1)	127.513	63.756	191.269
Summe	214.993	73.916	288.909

Berechnung der Kapitalverzinsung:

Anfangskapital	746.826	285.918	
Endkapital (nach Entnahmen)	627.352	222.207	
Summe	1.374.178	508.125	
geteilt durch 2	687.089	254.063	
abgerundet auf volle 100 DM	687.000	254.000	
davon 4%	27.480	10.160	37.640

2.3.4 Schlußbilanz der Firma Dorn & Co KG auf den 31.12.1981 mit Gewinn- und Verlustrechnung für die Zeit vom 1.1. bis 31.12.1981

Nach Erstellung des Hauptabschlußübersichtsbogens und Berechnung der auf die einzelnen Gesellschafter entfallenden Gewinnanteile kann nunmehr folgender Jahresabschluß aufgestellt werden:

Schlußbilanz der Firma Dorn & Co KG auf den 31. Dezember 1981

Aktiva		DM	Passiva		DM
Anlagevermögen			**Eigenkapital**		
Fuhrpark:			**Komplementär Dorn**		
Stand 1.1.1981	45.350		Stand 1.1.1981	746.826	
+ Zugang	32.000		+ Gewinn 1981	214.993	
	77.350			961.819	
./. AfA 1981	19.540	57.810	./. Entnahmen	119.474	842.345
Betriebsausstattung:			**Kommanditist Beer**		
Stand 1.1.1981	68.520		Festkapital		240.000
+ Zugang	8.900		Variables Kapital:		
	77.420		Stand 1.1.1981	45.918	
./. AfA 1981	9.115	68.305	+ Gewinn 1981	73.916	
Geringwertige Anlagegüter				119.834	
Stand 1.1.1981	1		./. Entnahmen	63.711	56.123

+ Zugang	5.800		Wertberichtigung auf	
	5.801		Forderungen aus LuL	22.500
./. AfA 1981	5.800	1	Steuer-Rückstellung	3.755
Firmenwert		235.000	Verbindlichkeiten aus	
Umlaufvermögen			Warenlieferungen	
Warenbestand		805.100	und Leistungen	800.940
Forderungen aus Lieferungen und Leistungen		847.500	sonstige Verbindlichk.	184.668
sonstige Forderungen		10.000		
Bank		123.934		
Kasse		2.681		
		2.150.331		2.150.331

X-hausen, den 25. März 1982 Dorn

Gewinn- und Verlustrechnung der Firma Dorn & Co KG für die Zeit vom 1. Januar bis zum 31. Dezember 1981

Aufwendungen	DM	Erträge	DM
Personalkosten	931.381	Warenumsatzerlöse	6.430.088
Abschreibungen auf das Anlagevermögen	14.915	./. Wareneinsatz	4.327.505
Abschreibungen auf das Umlaufvermögen	22.500	Warenrohgewinn	2.102.583
Betriebliche Steuern	43.755	sonstige Erträge	4.212
Raumkosten	63.105	a.o. und periodenfremde Erträge	19.200
Verwaltungskosten	143.637		
Vertriebskosten	397.689		
Kosten des Geld- und Warenverkehrs	219.004		
a.o. und periodenfremde Aufwendungen	1.100		
Gewinn 1981	288.909		
	2.125.995		2.125.995

2.3.5 Abschluß der Konten

Die bisher lediglich auf der Umbuchungsliste verzeichneten und im Hauptabschlußübersichtsbogen vorgenommenen vorbereitenden Abschlußbuchungen sind auch auf den Sachkonten vorzunehmen. Danach werden die Konten abgeschlossen. Der Saldo auf den Bestandskonten deckt sich mit den Werten in der Schlußbilanz, der Saldo auf den Erfolgskonten mit denen in der Gewinn- und Verlustrechnung. Die Konten und die weiteren Unterlagen und Teile der Buchführung des abgeschlossenen Wirtschaftsjahres »wandern« in die Ablage. Über die Aufbewahrungsfristen wird an anderer Stelle zu sprechen sein.

Mit dem Abschluß des alten Wirtschaftsjahres sind zugleich die Vorträge für die Bestandskonten des neuen Wirtschaftsjahres ermittelt; sie werden nunmehr auf die Sachkonten dieses laufenden Wirtschaftsjahres übertragen.

2.4 Rückblick auf das abgelaufene Wirtschaftsjahr: Erfolgreich gewirtschaftet?

2.4.1 Beurteilung der Rentabiliät sowie der Aufwands- und Ertragsstruktur

Der Gewinn für das Wirtschaftsjahr 1981 ist ermittelt: 288.909 DM. Hat die Unternehmung damit erfolgreich gewirtschaftet? Ohne Kenntnis der Gewinnsituation in den vorangegangenen Wirtschaftsjahren ist diese Frage nur eingeschränkt zu beantworten. Auch Vergleichswerte hinsichtlich Größe, Branche, Standortqualität usw. gleich- oder ähnlich gelagerter Unternehmen fehlen.

Dennoch soll ein Rückblick auf das vergangene Wirtschaftsjahr gewagt und die Beurteilung dieses Jahres mit einigen bilanzanalytischen Kennzahlen abgesichert werden.[1)]

Der Gewinn in Höhe von 288.909 DM wurde mit einem am Jahresanfang vorliegenden Eigenkapital in Höhe von 1.032.744 DM erwirtschaftet.

Damit stellt sich die Eigenkapitalrentabilität (Nettorentabilität) auf

$$\frac{288.909 \text{ x } 100}{1.032.744} = 27{,}9\ \%$$, ein sicherlich gutes Ergebnis.

Bezogen auf das gesamte in der Unternehmung arbeitende Kapital vom Jahresanfang (= Eröffnungsbilanzsumme ./. Wertberichtigung auf Forderungen) ergibt sich eine Gesamtkapitalrentabilität (Bruttorentabilität) von

$$\frac{288.909 \text{ x } 100}{2.028.954 \text{ ./. } 18.300} = 14{,}4\ \%.$$

Der Gewinn in Prozent der Warenumsatzerlöse (Umsatzrendite) beträgt $\frac{288.909 \text{ x } 100}{6.430.088} = 4{,}5\ \%$.

Für die Beurteilung einer Unternehmung spielt nicht allein die Höhe des erwirtschafteten Gewinns eine Rolle, sondern in gleicher Weise die Antwort auf die Frage, was mit dem Gewinn geschehen ist. Wird der gesamte Gewinn für private Zwecke der Unternehmer entnommen, verzichtet die Unternehmung auf den natürlichen Sparvorgang, auf Selbstfinanzierung durch Gewinneinbehalt und schmälert möglicherweise dadurch auf Dauer ihre Finanzkraft.

---

1) In diesem Kapitel werden nur einige wesentliche Kennzahlen ermittelt und beurteilt. Leser mit weitergehendem Interesse an der Bilanzanalyse seien hingewiesen auf: Schöning, Hans — Praktische Bilanzanalyse zur sicheren Beurteilung der Unternehmenssituation, WEKA-Verlag GmbH und Co KG, Industriestraße 21, 8901 Kissing, 2. Auflage 1981

Die Selbstfinanzierungsrate wird nach der Formel

$$\frac{(\text{Gewinn ./. Privatentnahmen}) \times 100}{\text{Gewinn}}$$

berechnet; sie stellt sich im vorliegenden Fall auf

$$\frac{(288.909 \text{ ./. } 119.474 \text{ ./. } 63.711) \times 100}{288.909} = 36{,}6\ \%.$$

Dieser Wert gibt an, daß im vergangenen Wirtschaftsjahr von je 100 DM Reingewinn 36,60 DM in der Kommanditgesellschaft verblieben. In Anbetracht der absoluten Gewinnanteile für die beiden Gesellschafter (Dorn: 214.993 DM; Beer: 73.916 DM) und der von ihnen aus den Entnahmen zu zahlenden persönlichen Steuern (insbesondere Einkommensteuer) ist die Höhe der Selbstfinanzierungsquote beachtlich. Die Stärkung des Eigenkapitals ist eine entscheidende Voraussetzung für die Gewinnsituation folgender Jahre.

Die Ertragskraft einer Unternehmung wird nicht ausschließlich anhand von Rentabilitätskennzahlen beurteilt, da diese Kennzahlen gewinnbeeinflussende Besonderheiten der Abschreibungs- und Rückstellungspolitik nicht berücksichtigen. Ergänzend wird daher der Cash Flow zur Beurteilung der Ertragskraft herangezogen. Der Cash Flow zeigt den Teil des Einnahmestromes, der in der Unternehmung nach Abzug der Ausgaben verbleibt und für die Gewinnausschüttung, die Finanzierung von Investitionen und für die Tilgung von Verbindlichkeiten verfügbar ist.

Berechnung des Cash Flow für das Wirtschaftsjahr 1981:

Bilanzgewinn	288.909 DM
+ Abschreibung auf Anlagevermögen	34.455 DM
+ a.o. Aufwand	1.100 DM
	324.464 DM
./. a.o. Erträge	19.200 DM
Cash Flow	305.264 DM

Der Cash Flow in Prozenten des Eigenkapitals beträgt

$$\frac{305.264 \text{ x } 100}{1.032.744} = 29{,}6\ \%$$ und in Prozenten des Gesamtkapitals

$$\frac{305.264 \text{ x } 100}{2.028.954 \text{ ./. } 18.300} = 15{,}2\ \%.$$

Bezogen auf die Warenumsatzerlöse ergibt sich eine Kennzahl von

$$\frac{305.264 \text{ x } 100}{6.430.088} = 4{,}75\ \%,$$ d.h., je 100 DM Verkaufserlöse (ohne Umsatzsteuer) erbringen einen Cash Flow von 4,75 DM. Von je 100 DM Netto-Umsatz verbleiben in der Unternehmung nach Abzug der Ausgaben 4,75 DM; dieser Betrag ist verfügbar für die Gewinnausschüttung, die Finanzierung von Investitionen und für die Tilgung von Verbindlichkeiten.

Und noch einige Anmerkungen zur Kalkulation der Gesellschaft: Bei einem Wareneinsatz lt. Gewinn- und Verlustrechnung von 4.327.505 DM und Warenumsatzerlösen von 6.430.088 DM stellt sich der durchschnittliche Kalkulationsaufschlag auf

$$\frac{(6.430.088 \text{ ./. } 4.327.505) \text{ x } 100}{4.327.505} = 48{,}6\ \%;$$

die Handelsspanne beträgt

$$\frac{(6.430.088 \text{ ./. } 4.327.505) \text{ x } 100}{6.430.088} = 32{,}7\ \%.$$

Von den gesamten Erträgen des Wirtschaftsjahres 1981 über 6.453.500 DM entfallen 99,6 % auf die Warenumsatzerlöse. Die a.o. und periodenfremden Erträge sowie die sonstigen Erträge spielen eine untergeordnete Rolle; andererseits tragen diese Erträge mit

$$\frac{(19.200 + 4.212) \times 100}{288.909} = 8{,}1\ \%$$ zum Reingewinn der Unternehmung bei.

Die Aufwendungen des Wirtschaftsjahres 1981 betragen in Prozenten der Warenumsatzerlöse und in Prozenten des Warenrohgewinns:

Aufwandsart	der Warenumsatzerlöse	des Warenrohgewinns
Wareneinsatz	67,3 %	—
Personalkosten	14,5 %	44,3 %
Vertriebskosten	6,2 %	18,9 %
Kosten des Geld- und Warenverkehrs	3,4 %	10,4 %
Verwaltungskosten	2,2 %	6,8 %
Raumkosten	1,0 %	3,0 %
Betriebliche Steuern	0,7 %	2,1 %
Abschreibungen auf das Anlage- und Umlaufvermögen	0,6 %	1,8 %
a.o. Aufwand	0,0 %	0,1 %
Zwischensumme	95,9 %	87,4 %
./. weitere Erträge	0,4 %	1,1 %
Zwischensumme	95,5 %	86,3 %
Reingewinn	4,5 %	13,7 %

Nur ein Vergleich mit den entsprechenden Vorjahreswerten kann der Unternehmungsleitung exakte Hinweise auf Gefahrenpunkte und auf positive Entwicklungstendenzen liefern.

2.4.2 Beurteilung der Anlagendeckung und der Liquidität

Nach den Werten der Bilanz auf den 31.12.1980 entfielen bei 1.032.744 DM Eigenkapital 51,4% der gesamten Finanzierung (Bilanzsumme abzüglich Wertberichtigung auf Forderungen aus LuL) auf Eigenfinanzierung, am 31.12.1981 sogar 53,5%. Diese Entwicklung geht überwiegend auf die beachtliche Selbstfinanzierungsquote zurück. An beiden Bilanzstichtagen reichte dieses Eigenkapital voll zur Finanzierung des Anlagevermögens (= 100%ige Anlagendeckung) sowie noch zu einem erheblichen Teil zur Finanzierung des Umlaufvermögens. Diese Kennzahlen sind Ausdruck einer sehr gesunden Kapitalstruktur der Unternehmung.

Auch die »Deckung« der Verbindlichkeiten durch bare Mittel (Barliquidität) und liquidierbare Vermögensteile (Liquidität 2. bzw. 3. Grades) zeigen alles andere als einen besorgniserregenden Stand:

Die Barliquidität, berechnet nach der Formel

$$\frac{(\text{Geldbestände}) \times 100}{\text{kurzfristige Verbindlichkeiten}},$$ beträgt an den beiden Bilanzstichtagen

$$31.12.1980: \frac{(5.290 + 149.715) \times 100}{(794.390 + 153.620 + 29.000)} = 15{,}9\,\%;$$

$$31.12.1981: \frac{(2.681 + 123.934) \times 100}{(800.940 + 184.668 + 3.755)} = 12{,}8\,\%.$$

Die Liquidität 2. Grades berücksichtigt zusätzlich zu den Geldbeständen die einzugsbedingten liquiden Vermögensteile, d.s. solche Teile des Umlaufvermögens, die erst nach einiger Zeit verflüssigt werden können, aber bereits einen Anspruch auf Umwandlung in Geldmittel beinhalten (Debitoren abzüglich Wertberichtigungen, sonstige Forderungen):

$$31.12.1980: \frac{(5.290 + 149.715 + 671.000 + 13.912) \times 100}{(794.390 + 153.620 + 29.900)} = 86,9\,\%;$$

$$31.12.1981: \frac{(2.681 + 123.934 + 825.000 + 10.000) \times 100}{(800.940 + 184.668 + 3.755)} = 97,2\,\%.$$

Die Liquidität 3. Grades berücksichtigt zusätzlich umsatzbedingt liquide Vermögensteile, wie Warenvorräte. Wird der Zähler in der o.a. Formel jeweils um die Warenbestände (31.12.1980: 819.406 DM; 31.12.1981: 805.100 DM) erweitert, ergeben sich folgende Werte:

31.12.1980: 169,7%;
31.12.1981: 178,6%.

Aufgrund dieser Kennzahlen reichen bereits die Geldbestände und die Forderungen der Unternehmung (Liquidität 2. Grades) nahezu aus, um die passivierten Verbindlichkeiten abzutragen, ebenfalls ein Zeichen erfolgreichen Wirtschaftens im Rückblick und die Grundlage für einen gesicherten Bestand der Unternehmung im Ausblick; denn neben einer hohen Rentabilität ist eine hinreichende Liquidität der Unternehmung für ihre Zukunft wesentlich.

2.4.3 Beurteilung der Verschuldung

Die dargestellten Liquiditätskennzahlen gaben Aufschluß über die mehr oder weniger zufällig an den Bilanzstichtagen gegebene, also augenblickliche finanzielle Situation der Unternehmung. Kennzahlen zur Verschuldung sollen die generelle finanzielle Lage aufdecken, zur »konjunkturellen Lage« somit einen »strukturellen Hintergrund« liefern. Dabei bestehen zwischen Liquidität und Verschuldung — über einen längeren Zeitraum betrachtet — enge wechselseitige Beziehungen.

Die nachstehend berechnete Gesamtverschuldung nach dem Bilanzbild vom 31.12.1981 wird dem Cash Flow in Beziehung gesetzt.

	31.12.1981
Steuer-Rückstellungen	3.755 DM
Verbindlichkeiten aus LuL	800.940 DM
sonstige Verbindlichkeiten	184.668 DM
Summe der Verbindlichkeiten	989.363 DM
./. Zahlungsmittel (Kasse, Bank)	126.616 DM
Gesamtverschuldung	862.747 DM

$$\frac{\text{Gesamtverschuldung}}{\text{Cash Flow}} = \frac{862.747}{305.264} = 2{,}8 \text{ Verschuldungsgrad}$$

Diese Kennzahl von 2,8 gibt an, wievielmal der erzielte Cash Flow zu erwirtschaften ist, um sämtliche Verbindlichkeiten der Unternehmung abzüglich der Geldbestände aus eigener Finanzkraft zu tilgen. Je niedriger diese Kennzahl ausfällt, um so günstiger ist die Finanzstruktur der Unternehmung. Ein Verschuldungsgrad ist bedenklich, wenn der Wert von 3,5 überschritten wird. Ein Grad von 2,8 ist noch als zufriedenstellend zu werten.

Die Gesamtverschuldung zum Umsatz stellt sich für das abgelaufene Wirtschaftsjahr auf

$$\frac{\text{Gesamtverschuldung x 100}}{\text{Umsatz}} = \frac{862.747 \text{ x } 100}{6.430.088} = 13{,}4\,\%.$$

Mit einem Umsatz von je 100 DM geht eine Gesamtverschuldung von 13,40 DM einher. Auch für diese Kennzahl gilt: Je niedriger, desto günstiger ist die Finanzstruktur der Unternehmung. Der berechnete Wert ist relativ hoch, bewegt sich jedoch noch nicht in für die Gesellschaft bedrohlichen Zonen. Andererseits zeigt dieser Wert, daß die Kommanditgesellschaft gut beraten ist, ihre hohe Selbstfinanzierungsquote beizubehalten.

2.4.4 Beurteilung der Finanzpolitik

Die Finanzstruktur einer Unternehmung ist Ergebnis einer über längere Zeiträume hinweg praktizierten Finanzpolitik. Für das vorliegende Wirtschaftsjahr 1981 soll diese Finanzpolitik mit Hilfe einer Bewegungsbilanz analysiert werden.

Das Wesentliche einer Bewegungsbilanz besteht darin, aus den Zahlen der Bilanz sowie aus Informationen über die Entwicklung bestimmter Bilanzpositionen im Verlauf des Wirtschaftsjahres, zum Beispiel über Zugänge, Abgänge und Abschreibungen von Anlagen, die im Betrieb vollzogenen Zahlungsvorgänge zu quantifizieren und nach Herkunft und Verwendung der finanziellen Stromgrößen zu klassifizieren. Dabei setzt sich die Herkunftsseite der finanziellen Mittel aus Freisetzungen des laufenden Betriebsprozesses sowie aus externen Geldzuflüssen zusammen. Ebenso wird die Verhinderung von Mittelabflüssen, zum Beispiel durch Bildung langfristiger Rückstellungen, in der Konzeption der Bewegungsbilanz als ein Mittelzufluß gesehen. Analog zur Herkunftsseite erfolgt eine Untergliederung der Mittelverwendung in Geldbindungen durch vorgenommene Investitionen und Geldabflüsse durch Zahlungen an Schuldner oder Gesellschafter (Privatentnahmen).

In der Bewegungsbilanz werden somit keine Bestände ausgewiesen, sondern nur die Veränderungen der Bilanzpositionen von Bilanzstichtag zu Bilanzstichtag. Das ermöglicht Aussagen über die finanzwirtschaftliche Entwicklung der Unternehmung und damit über deren Finanzpolitik.

Welche Zahlen erscheinen auf der linken (Mittelverwendung) und auf der rechten Seite (Mittelherkünfte) der Bewegungsbilanz? Die Mittelherkünfte sind Außen- und Innenfinanzierungsmittel, die Mittelverwendungen erfolgen entweder für Investitionen, für die Tilgung von Fremdkapital oder für Gewinn- oder Kapitalentnahmen durch die Unternehmer.

Aufgrund der Bilanzen auf den 31.12.1980 und 31.12.1981 ist zunächst folgende Übersicht aufzustellen, aus der die Bewegungsbilanz abgeleitet wird:

Aktiva	**31.12.1980**	**31.12.1981**	**Differenz**
Fuhrpark	45.350	57.810	+ 32.000 Zugang — 19.540 AfA
Betriebsausstattung	68.520	68.305	+ 8.900 Zugang — 9.115 AfA
GWG	1	1	+ 5.800 Zugang — 5.800 AfA
Waren	819.406	805.100	— 14.306
Forderungen aus LuL (abzüglich Wertber.)	671.000	825.000	+ 154.000
sonstige Forderungen/ aktive RAP	16.372	10.000	— 6.372
Geldbestände	155.005	126.615	— 28.390
Summe der Differenzen	—	—	117.177

Passiva	**31.12.1980**	**31.12.1981**	**Differenz**
Eigenkapital	1.032.744	1.138.468	+ 105.724
Verbindlichkeiten aus LuL	794.390	800.940	+ 6.550
sonstige Verbindlichkeiten	153.620	184.668	+ 31.048
Rückstellungen	29.900	3.755	— 26.145
Summe der Differenzen	—	—	117.177

Bewegungsbilanz 1981

Mittelverwendung		DM	**Mittelherkünfte**		DM
Investitionen			**Außenfinanzierung**		
Anlagevermögen		46.700	kurzfristige Fremdfin.		
Forderungen	154.000			+ 6.550	
	— 6.372	147.628		+ 31.048	
				— 26.145	11.453
Schuldentilgung		—	**Innenfinanzierung**		
			Selbstfinanzierung		105.724
			aus AfA		34.455
			Minderung der liquiden Mittel und der Waren		
				— 28.390	
				— 14.306	42.696
		194.328			194.328

Von den gesamten Finanzierungsmitteln (194.328 DM) entfallen auf

1. Selbstfinanzierung	: 105.724 DM	=	54,4%
2. verdiente Abschreibung	: 34.455 DM	=	17,7%
3. Monetesierung anderer Aktiva	: 42.696 DM	=	22,0%
somit Eigenfinanzierung im weiteren Sinne		=	94,1%
4. kurzfristige Fremdfinanzierung	11.453 DM	=	5,9%
Summe		=	100,0%

Diese Finanzmittel gingen mit	147.628 DM	=	76,0%
in die Investition von Umlaufvermögen und von Anlagevermögen mit	46.700 DM	=	24,0%
Summe		=	100,0%

Anteile von 94,1% Eigenfinanzierung im weiteren Sinne und nur 5,9% kurzfristige Fremdfinanzierung sind Zeichen einer außerordentlich soliden Finanzpolitik. Diese Politik wäre als noch günstiger zu beurteilen, wenn die Unternehmung nicht nur auf Fremdfinanzierungsmittel verzichten, sondern früher beanspruchte Fremdfinanzierungsmittel abbauen könnte. Die Fähigkeit einer Unternehmung, sich hinreichend schnell und sicher an veränderte wirtschaftliche und technische Gegebenheiten anzupassen (Flexibilität), ist im Regelfall um so größer, je geringer die Abhängigkeit vom Fremdkapital ist. Der Rückblick auf das abgelaufene Wirtschaftsjahr mit der Fragestellung »Erfolgreich gewirtschaftet?« darf deshalb nicht bei der Beurteilung des Gewinns stehenbleiben, sondern muß auch andere Punkte berücksichtigen.

Die gebuchten und zum Jahesabschluß geführten Geschäftsvorfälle des Wirtschaftsjahres 1981 zeigen ein erfolgreiches Wirtschaften in mehrfacher Hinsicht: Gute Rentabilität bei hinreichender Liquidität, eine gesunde Kapitalstruktur, einen Verschuldungsgrad, den die Unternehmung bei ihrem Cash Flow »im Griff« hat, sowie eine überaus solide Finanzpolitik!

2.5 Belege als Grundlage der Buchführung

2.5.1 Keine Buchung ohne Beleg

Nach der Auswertung der Bilanz und der Gewinn- und Verlustrechnung zurück zur Buchführung.

Den in den Kapiteln 2.2.1 bis 2.2.5 gebuchten Geschäftsvorfällen liegen die verschiedenartigsten Belege zugrunde. Grundlage jeder Buchung ist ein Beleg. Eine Buchführung ist nur in Verbindung mit dem Beleg beweisend und ordnungsmäßig. Das Belegprinzip »keine Buchung ohne Beleg« ist allseitig anerkannt.

2.5.2 Arten und Inhalt der Belege[1)]

Belege im handels- und steuerrechtlichen Sinne sind alle Urkunden, die im Geschäftsbetrieb anfallen. Dazu gehören die Eingangsrechnungen, die Kopien der Ausgangsfakturen, Bank- und Postscheckauszüge, Quittungen, Korrespondenz einschließlich der eigenen Schriftsätze, Streifen der Registrierkasse, Kassenbelege, Uraufzeichnungen der Inventur; allgemein formuliert: Zu den Belegen gehören alle Unterlagen, die über Waren- und Geldbewegungen Auskunft geben, und zwar von der Anbahnung bis hin zur Abwicklung der Geschäftsvorfälle.

Unterschieden werden Fremd- und Eigenbelege. Fremdbelege gelangen von außen in die Unternehmung, Eigenbelege werden in der Unternehmung selbst erstellt.

---

1) Die folgenden Aussagen stützen sich im wesentlichen auf Krill-Charlier: Fremdbelege und Eigenbelege; Neue Wirtschaftsbriefe, Herne/Westf., Fach 17, Seite 815 und 816.

Zu den Eigenbelegen gehören auch jene Belege, die in der Unternehmung ausgestellt werden, weil der Fremdbeleg verlorenging oder nicht erteilt wurde (= Notbelege).

Typische Fremdbelege sind die Eingangsrechnungen, Benzinquittungen, Fernsprechgebührenbescheid etc. Eigenbelege sind u.a. Lohnlisten, Quittungen über Privatentnahmen, Abschreibungsbelege, Inventurunterlagen.

An den Inhalt der Belege werden betriebliche, handelsrechtliche und steuerrechtliche Anforderungen gestellt.

Zu den betrieblichen Anforderungen an die Belege gehören:

— Der Beleg muß den Geschäftsvorfall nach Art, Ort, Zeit, Umfang etc. vollständig und richtig wiedergeben;

— die Belege sind fortlaufend zu numerieren (Chronologie der Kassenbelege, u.U. nach Einnahmen und Ausgaben getrennt; Chronologie der Bankauszüge etc.);

— Angabe des Buchungssatzes;

— geordnete Ablage, die das Wiederauffinden des Belegs z.B. bei einer finanzamtlichen Betriebsprüfung erleichtert.

Die handelsrechtlichen Anforderungen an die Belege bestehen in der Beachtung der Grundsätze ordnungsmäßiger Buchführung (vgl. später).

Die steuerrechtlichen Anforderungen ergeben sich je nach Art des Geschäftsvorfalls aus den speziellen Steuergesetzen, z.B. bei Eingangsrechnungen und anderen Belegen (Benzinquittungen u.a.) mit anrechenbarer Vorsteuer aus den Vorschriften des § 14 UStG (vgl. Kapitel 2.2.2). Bei Betriebsausgaben, die nach § 4 Abs. 5-6 EStG nicht oder nur beschränkt zum Abzug bei der Gewinnermittlung zugelassen sind (Geschenke usw.), sind im Einkommensteuerrecht besondere Anforderungen an die Belege festgelegt worden. Für die Bewirtung von Geschäftsfreunden sieht § 4 Abs. 5 Nr. 2 EStG sogar die Verwendung eines amtlich vorgeschriebenen Vordrucks vor, dem eine vom Gastwirt unterschriebene Rechnung anzuheften ist.

In der betrieblichen Praxis stimmen die betrieblichen, handelsrechtlichen und steuerrechtlichen Anforderungen, die auch von der Rechtsprechung anerkannt werden, weitgehend überein.

2.5.3 Beweiskraft der Belege

Wer sich auf einen Beleg beruft, muß die Ordnungsmäßigkeit des Belegs auch beweisen können. Dieser Beweislast genügt er schon, wenn er sich auf den Aussteller beruft und dieser die Richtigkeit des Belegs zum Beispiel gegenüber der Steuerverwaltung bestätigt. Will die Steuerverwaltung einen solchen Beleg nicht anerkennen, muß sie selbst den Gegenbeweis antreten. Die letzte Entscheidung erfolgt durch das Finanzgericht oder den Bundesfinanzhof.

Die Beweiskraft ist bei Eigenbelegen schwieriger, da sich der Unternehmer nicht wie bei Fremdbelegen auf einen Dritten berufen kann. Hier genügt es, daß der Unternehmer darlegt, der Eigenbeleg sei förmlich und sachlich richtig im laufenden Betrieb in üblicher Weise erstellt worden. Bei einem Streit über die Beweiskraft anläßlich einer finanzamtlichen Betriebsprüfung muß die Steuerverwaltung dann ihre Gegengründe darlegen, die eine Widerlegung rechtfertigen.

Wenn ein Beweis durch Belege nicht erbracht werden kann, besteht die Möglichkeit der Glaubhaftmachung durch eidesstattliche Versicherung, die in einem besonderen Verfahren nach § 95 AO durch den Vorsteher des Finanzamtes abgenommen wird. Sie kann dazu führen, daß die Steuerverwaltung den Geschäftsvorfall als glaubhaft ansieht.

2.5.4 Aufbewahrungspflicht für Belege und andere Unterlagen

Sämtliche Belege sind Bestandteil der Buchführung. Nach § 147 AO gelten folgende Ordnungsvorschriften für die Aufbewahrung von Unterlagen:

§ 147 (1) AO: Die folgenden Unterlagen sind gesondert aufzubewahren:

1. Bücher und Aufzeichnungen, Inventare, Bilanzen sowie die zu ihrem Verständnis erforderlichen Arbeitsanweisungen und sonstigen Organisationsunterlagen,
2. die empfangenen Handels- oder Geschäftsbriefe,
3. Wiedergaben der abgesandten Handels- oder Geschäftsbriefe,
4. Buchungsbelege,
5. sonstige Unterlagen, soweit sie für die Besteuerung von Bedeutung sind.

§ 147 (3) AO: Die in Absatz 1 Nr. 1 aufgeführten Unterlagen sind zehn Jahre, die sonstigen in Absatz 1 aufgeführten Unterlagen sechs Jahre aufzubewahren.

Nach Absatz 4 beginnt die Aufbewahrungsfrist mit dem Schluß des Kalenderjahres, in dem die letzte Eintragung in das Buch gemacht, das Inventar aufgestellt, die Bilanz festgestellt, der Handels- oder Geschäftsbrief empfangen oder abgesandt oder der Buchungsbeleg entstanden ist, ferner die Aufzeichnungen vorgenommen oder die sonstigen Unterlagen entstanden sind.

Bei der Offenen — Posten — Buchführung, der Beleg — Buchführung usw. ersetzen die Belege gewisse Grundbücher. Hier treten die geordnet aufbewahrten Belege an die Stelle dieser Buchführungsteile und müssen daher 10 Jahre aufbewahrt werden.

Die im Handelsrecht (§ 44 HGB) festgelegten Bestimmungen über die Aufbewahrung von Unterlagen stimmen mit den o.a. steuerrechtlichen Vorschriften im wesentlichen überein.

2.6 Buchführungsbücher und Verfahren der doppelten Buchführung

2.6.1 Grund-, Haupt- und Nebenbücher

Im Zusammenhang mit den Belegen und der Buchung laufender Geschäftsvorfälle ist bereits in Ansätzen angesprochen worden, daß die Geschäftsvorfälle unter zwei Gesichtspunkten erfaßt und gebucht werden, und zwar unter einem

— chronologischen (zeitlichen) und einem

— sachlichen.

Die Belege werden geordnet (Belege über unbare Geschäftsvorfälle, über bare Kassenbelege, Bankbelege, Postscheckbelege), vorkontiert und in zeitlicher Reihenfolge im Grundbuch erfaßt. Dieses Buch trägt auch die Bezeichnung Zeitbuch, Memorial (Gedächtnisbuch), Journal (Tagebuch), Primanota (Buch der ersten Eintragung). Die Bezeichnung »Buch« ist geschichtlich begründet. Heute werden die Grundbücher in vielfältiger Weise geführt, zum Beispiel als Journalbögen, Karteien usw. Bei der äußeren und organisatorischen Gestaltung sind lediglich die Anforderungen an die Ordnungsmäßigkeit der Buchführung zu beachten.

Jeder Geschäftsvorfall ist anhand des Beleges unter Angabe des Datums, der Belegnummer, eines den Vorfall erläuternden Textes, des Betrages und der Kontierung in das Grundbuch aufzunehmen. Diese chronologische Erfassung ist Grundlage für die spätere Buchung nach sachlichen Gesichtspunkten auf den Sachkonten. Vielfach erfolgt in praxi eine Trennung der Geschäftsvorgänge in unbare (Buchung im Journal) und bare Vorfälle (Buchung im Kassenbuch, Bankbuch, Postscheckbuch); dabei werden das Bankbuch und das Postscheckbuch in der Weise geführt, daß die Bank- und Postscheckauszüge lückenlos und chronologisch mit Kontierungen abgeheftet werden.

Im Gegensatz zur chronologisch geordneten Buchung der Geschäftsvorfälle im Grundbuch (Grundbüchern) erfolgt die Buchung auf den jeweiligen Sachkonten (vgl. den Kontenplan der Firma Dorn & Co KG unter 2.1.3) nach sachlichen, systematischen Gesichtspunkten (1000 Kassenkonto, 1200 Bankkonto, 4100 Personalkosten etc.). Die Sachkonten bilden das Hauptbuch.

Bei der Buchung der Warenzieleinkäufe und Warenzielverkäufe wurde bereits deutlich, daß ein Sachkonto »1400 Forderungen aus Lieferungen und Leistungen« dem Unternehmer keinen hinreichenden Einblick in seinen Forderungsbestand gibt; denn nicht der Gesamtbetrag der Forderungen ist allein entscheidend, sondern auch die Aufteilung der Gesamtsamtforderung auf die einzelnen Kunden und die Zahlungsweise jedes einzelnen Abnehmers. So reicht das Hauptbuch allein keinesfalls aus, um detaillierte Informationen zu liefern. Aus diesem Grunde werden einzelne Sachkonten tiefer gestaffelt, wie das Konto »1400 Forderungen aus LuL« mit dem Debitorenkontokorrent, das Konto »1600 Verbindlichkeiten aus LuL« mit dem Kreditorenkontokorrent. Es werden Nebenbücher geführt. Das Führen einiger Nebenbücher wird von den Grundsätzen ordnungsmäßiger Buchführung gefordert, wie zum Beispiel das Kontokorrent (vgl. oben unter 2.1.4).

Die wichtigsten Nebenbücher sind:

— Kontokorrent (Geschäftsfreundebuch),

— Wareneingangs- und Warenausgangsbuch,

— Material- und Lagerbuchhaltung,

— Rechnungseingangs- und Rechnungsausgangsbuch (Sammlung der Rechnungen),

— Lohn- und Gehaltsbuchhaltung,

— Anlagenbuchhaltung (vgl. oben das Anlageverzeichnis),

— Wechselkopierbuch.

Die folgende Skizze zeigt den Zusammenhang zwischen Beleg, Grundbuchung, Buchung im Hauptbuch, Übernahme der Soll- und Habensummen nach Ablauf des Wirtschaftsjahres in den Hauptabschlußübersichtsbogen und Erstellung des Jahresabschlusses:

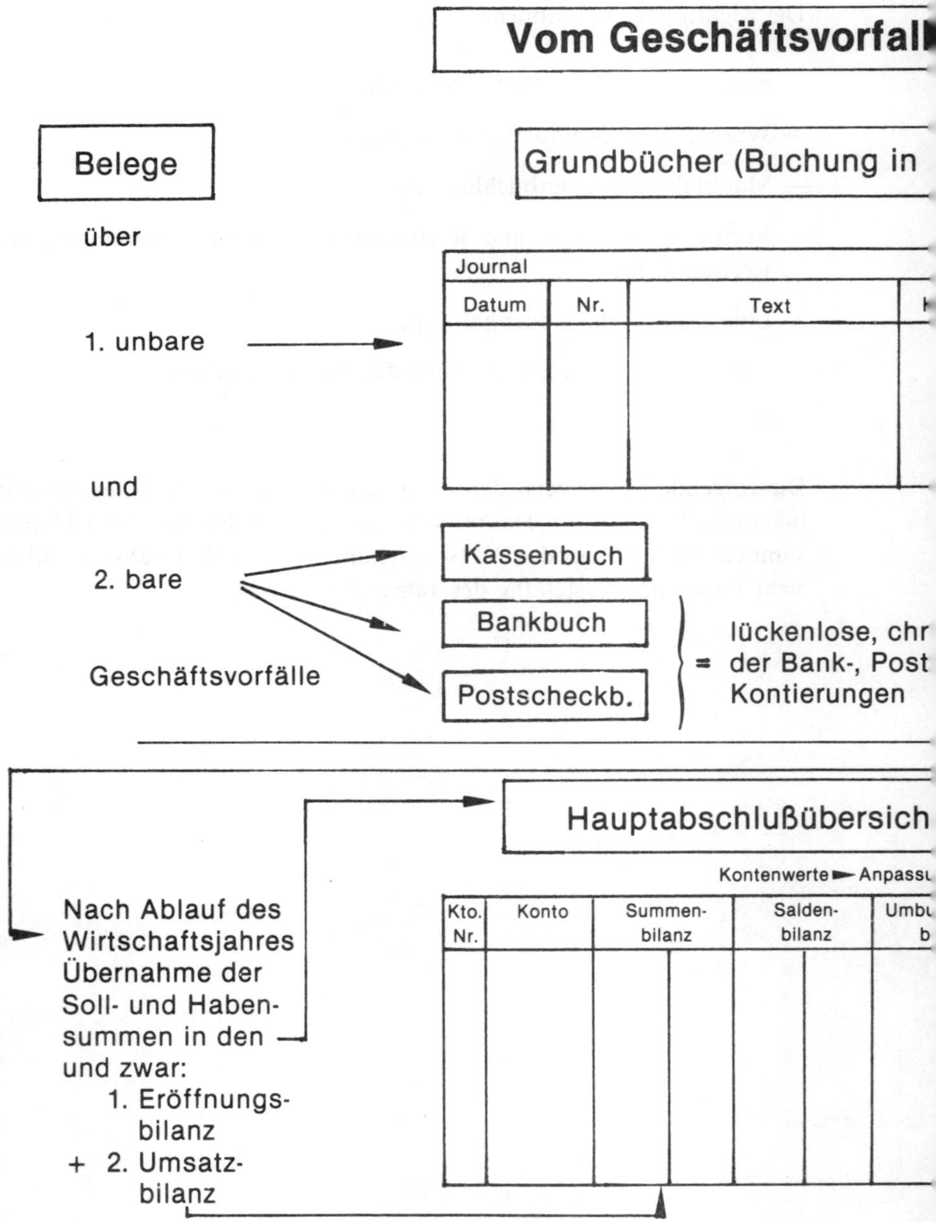
Vom Geschäftsvorfall
Belege
über
1. unbare
und
2. bare
Geschäftsvorfälle
Grundbücher (Buchung in
Journal
Datum
Nr.
Text
Kassenbuch
Bankbuch
Postscheckb.
= lückenlose, chr
der Bank-, Post
Kontierungen
Hauptabschlußübersich
Kontenwerte
Anpassu
Nach Ablauf des Wirtschaftsjahres Übernahme der Soll- und Habensummen in den und zwar:
1. Eröffnungsbilanz
+ 2. Umsatzbilanz
Kto. Nr.
Konto
Summenbilanz
Saldenbilanz

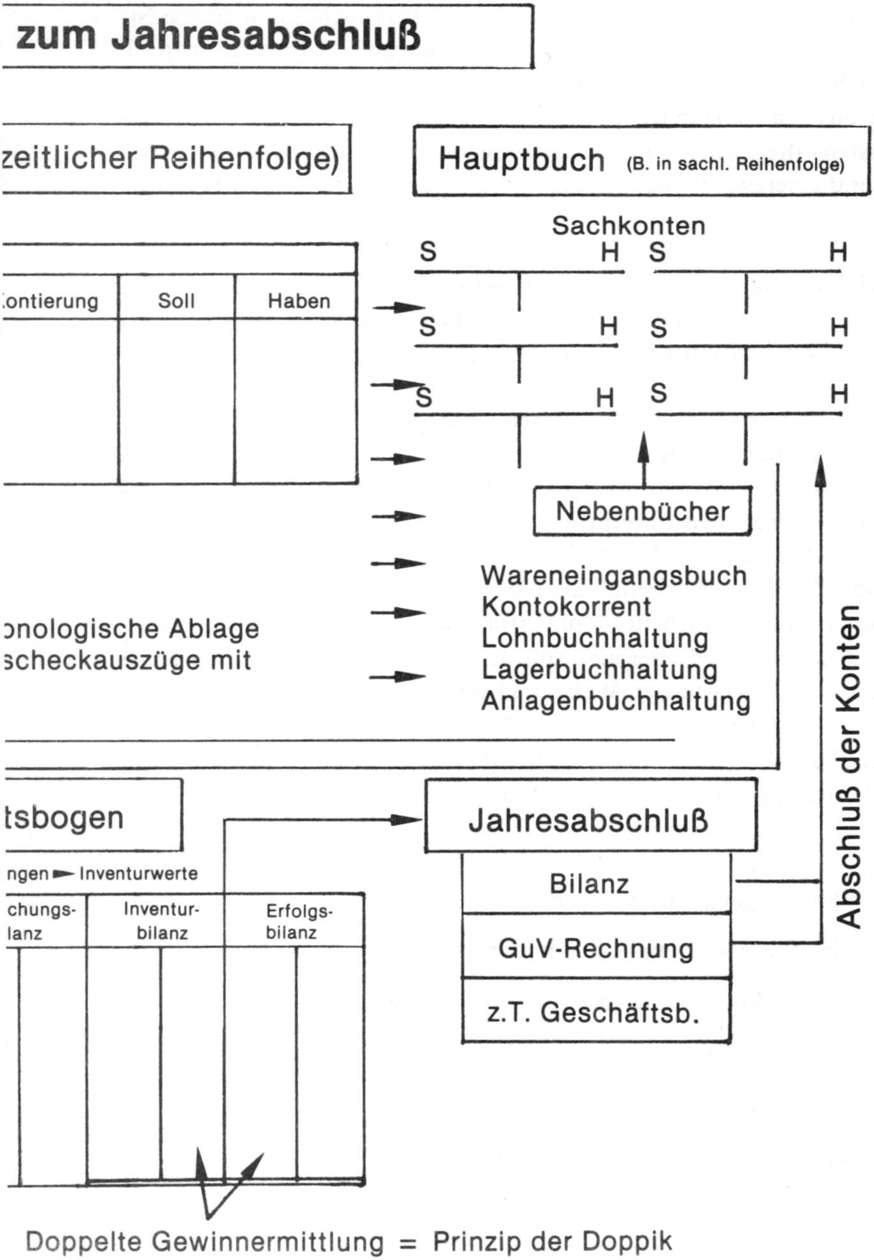
zum Jahresabschluß
zeitlicher Reihenfolge)
Hauptbuch (B. in sachl. Reihenfolge)
Sachkonten
S H S H
S H S H
S H S H
ontierung
Soll
Haben
Nebenbücher
Wareneingangsbuch
Kontokorrent
Lohnbuchhaltung
Lagerbuchhaltung
Anlagenbuchhaltung
onologische Ablage
scheckauszüge mit
Abschluß der Konten
tsbogen
ngen ► Inventurwerte
chungs- lanz
Inventur- bilanz
Erfolgs- bilanz
Jahresabschluß
Bilanz
GuV-Rechnung
z.T. Geschäftsb.
Doppelte Gewinnermittlung = Prinzip der Doppik

Bei einer weitgehenden Aufgliederung des Hauptbuches in mehrere Nebenbücher liefern diese Nebenbuchhaltungen mehr Informationen als die Sachkonten, die im allgemeinen nur eine monatliche Sammelbuchung aus den Nebenbüchern aufnehmen, also das Konto »4100 Personalkosten« die monatlichen Bruttolöhne und -gehälter sowie die freiwilligen und gesetzlichen sozialen Aufwendungen, soweit für diesen Sozialaufwand nicht selbst ein eigenes Sachkonto (z.B. 4110) geführt wird.

Mit einigen Nebenbüchern werden weitere Zwecke verfolgt: In der Material- und Lagerbuchhaltung tritt neben die geldliche Abrechnung die Kontrolle und Überwachung der Mengen.

Für einige der oben genannten Nebenbücher ist gesetzlich geregelt, welcher Unternehmer diese Bücher in welcher Weise zu führen hat, zum Beispiel in § 143 AO für den Wareneingang. Nach dieser Bestimmung sind alle gewerblichen Unternehmer verpflichtet, den Wareneingang gesondert aufzuzeichnen. Nur so ist es der Steuerverwaltung möglich, das Ergebnis durch Nachkalkulation zu überprüfen. Aufzuzeichnen sind alle Waren einschließlich der Rohstoffe, unfertigen Erzeugnisse, Hilfsstoffe und Zutaten, die der gewerbliche Unternehmer im Rahmen seines Betriebes zur gewerblichen Weiterveräußerung oder zum Verbrauch erwirbt. Auch die Waren sind aufzuzeichnen, die vor ihrer Weiterverarbeitung be- oder verarbeitet werden müssen. Die Pflicht zur Aufzeichnung besteht auch dann, wenn die Ware für fremde Rechnung als Kommissionsware erworben ist.

Beim Wareneingang sind gesondert aufzuzeichnen:

— Tag des Wareneingangs oder Rechnungsdatum,

— Name oder Firma und Anschrift des Lieferers,

— handelsübliche Bezeichnung der Ware,

— Preis der Ware,

— Hinweis auf den Beleg.

Der Aufzeichnungspflicht unterliegen nicht die Warenbezugs- und Nebenkosten.

Gesonderte Aufzeichnungen des Wareneingangs bedeutet nicht Aufzeichnung in gesondert zu führenden Büchern. Es genügt, wenn die geforderten Angaben sich aus der Buchführung (Sachkonten) ergeben. Die Aufzeichnung des Wareneingangs kann auch in der gesonderten und geordneten Ablage von Belegen bestehen oder auf Datenträgern geführt werden.

Eine Aufgliederung der Aufzeichnungen nach Warengruppen, die im Hinblick auf Nachkalkulation vorteilhaft wäre, ist zulässig, kann aber von dem gewerblichen Unternehmer nicht verlangt werden. Die von § 143 AO und für den Vorsteuerabzug vom Umsatzsteuerrecht geforderten Voraussetzungen (vgl. 2.2.2) werden in der Buchhaltungspraxis durch entsprechende Kontengestaltung gemeinsam erbracht.

Die folgende Skizze[1] verdeutlicht die verschiedenen Entstehungs- und Verwendungsmöglichkeiten eines Besitzwechsels sowie die Tilgungsformen eines von unserer Unternehmung gegebenen Akzepts (Schuldwechsels).

Besitzwechsel

Akzepte, die von Kunden ein-eingehen	zahlungshalber an Lieferer gegeben
eigene Wechselbeziehungen auf Kunden nach Akzept	der Bank zum Diskont eingereicht
	der Bank zum Einzug übergeben
	eigene Vorlage bei Kunden

Schuldwechsel

Bezahlung fälliger Schuldwechsel	von uns gegebene Akzepte
durch unsere Bank	
durch uns selbst (bar)	

1) Diese Skizze wurde entnommen: Flasse, Gräve, Hanschmann, Heßhaus, Buchhaltung 2; Betriebswirtschaftlicher Verlag Dr. Th. Gabler, Wiesbaden 1977, Seite 99

Auszug aus einem Wechselkopierbuch

Hauptabschlußübersichtsbogen 1. 1. – 31. 12. 198·

Konten	Eröffnungsbilanz		Umsatzbilanz		Summenbilanz		Saldenbilanz I		Umbuchungsbilanz		Saldenbilanz II		Inventurbilanz		Erfolgsbilanz	
	S	H	S	H	S	H	S	H	S	H	S	H	S	H	S	H
Lieferwagen	32 000				32 000		32 000			1) 8000	24 000		24 000			
Warenbestand	53 900		69 700		123 600		123 600				123 600		60 759		62 841	
Forderungen			23 260		23 260		23 260				23 260		23 260			
Geldbestände	35 580		139 432	119 545	175 012	119 545	55 467				55 467		55 467			
Eigenkapital		121 480				121 480		121 480	3) 36 000	2) 14 712		100 192		100 192		
Verbindlichkeiten				10 310		10 310		10 310				10 310		10 310		
Privateinlagen				14 712		14 712		14 712	2) 14 712							
Privatentnahmen			36 000		36 000		36 000			3) 36 000						
Fuhrparkkosten			12 790		12 790		12 790		1) 8000		20 790				20 790	
Geschäftsmiete			6 000		6 000		6 000				6 000				6 000	
Betriebssteuern			5 365		5 365		5 365				5 365				5 365	
Warenverkauf				147 980		147 980		147 980				147 980				147 980
Summe	121 480	121 480	292 547	292 547	414 027	414 027	294 482	294 482	58 712	58 712	258 482	258 482	163 486	110 502	94 996	147 980
											Gewinn			52 984	52 984	
													163 486	163 486	147 980	147 980

Wird ein Wechsel bei Fälligkeit vom Bezogenen nicht eingelöst und geht der Wechsel zu Protest, kann auf die übrigen Wechselbeteiligten als Haftende zurückgegriffen werden. Dieses Risiko verpflichtet den Unternehmer, durchlaufende Wechsel bis zu deren endgültigen Abwicklung zu verfolgen.

Fallen bei einer Unternehmung wenig Wechselgeschäfte an, genügt es, eine Fotokopie des Wechsels vor dessen Weitergabe anzufertigen und diese Kopie bis zur endgültigen Abwicklung des Wechsels (Verfalltag) aufzuheben. Ansonsten wird ein Wechselkopierbuch (Wechselverkehrsbuch) als Nebenbuch geführt. Hierin werden die wesentlichen Angaben der Wechsel (Besitz- und Schuldwechsel) festgehalten, und zwar, wie der Auszug aus einem Wechselkopierbuch zeigt, folgende Angaben:

— Geldsorte,

— Verfalltag des Wechsels,

— Name und Ort des Bezogenen,

— Ausstellungstag, Aussteller, Ausstellungsort,

— Order,

— Eingang (von wem erhalten),
Ausgang des Wechsels (an wen gegeben),

— Bemerkungen (z.B. fristgerecht eingelöst, prolongiert usw.).

2.6.2 Verfahren der doppelten Buchführung

Die ungefähr 750 Jahre alte Geschichte der Buchführung ist in knappen Strichen so zu kennzeichnen: Übertragungsbuchführung (Übertragung der Belegangaben ins Grundbuch, von dort ins Hauptbuch bzw. die Nebenbücher); Tabellenbuchführung, bei der sich rechts an das Grundbuchjournal die Sachkonten anschließen (amer. Journal); kontenlose Buchführung, bei der die Belege selbst an die Stelle der Grundbuchaufzeichnungen treten; manuelle und maschinelle Durchschreibebuchführung; Buchführung auf EDV-Grundlage. Diese Entwicklung verlief nicht gradlinig. So ist auch heute noch das amerikanische Journal in

Unternehmen mit geringem Buchungsanfall zu finden, in vielen anderen Unternehmen die Durchschreibebuchführung. Die zunehmende Verbreitung der Buchführung auf EDV-Basis ist nicht allein eine Kostenfrage, sondern wesentlich auch durch ihren hohen Informationsgrad bedingt, der die Funktion des Rechnungswesens als Instrument der Unternehmungsführung wesentlich verbessert hat.

2.6.3 Grundsätze ordnungsmäßiger Buchführung

Die Entwicklung von dickleibigen, gebundenen Hauptbüchern — an Stehpulten geführt — über die kontenlose Buchführung bis zur Buchführung auf Datenträgern macht deutlich und verständlich, daß sich mit dieser Entwicklung auch die Grundsätze ordnungsmäßiger Buchführung (GoB) gewandelt haben. Nach den allgemeinen Anforderungen an Buchführung und Aufzeichnungen (§ 145 AO) muß die Buchführung so beschaffen sein, daß sie einem sachverständigen Dritten innerhalb angemessener Zeit einen Überblick über die Geschäftsvorfälle und über die Vermögenslage des Unternehmens vermitteln kann. Die Geschäftsvorfälle müssen sich in ihrer Entstehung und Abwicklung verfolgen lassen. Die Anforderungen, die von steuerlicher Seite an eine Buchführung und an Aufzeichnungen zu stellen sind, finden sich in § 146 AO.

Danach ist folgendes für die Buchführung zu beachten:

— Die Buchungen und die sonst erforderlichen Aufzeichnungen sind vollständig, richtig, zeitgerecht und geordnet vorzunehmen. Diese zeitnahe Erfassung bedeutet, daß ein zeitlicher Zusammenhang zwischen den Geschäftsvorfällen und deren buchmäßigen Erfassung bestehen muß. Tägliche Grundaufzeichnungen sind also nicht erforderlich. Nur Kasseneinnahmen und Kassenausgaben sollen täglich festgehalten werden. Es handelt sich hierbei um eine Sollvorschrift, d.h., ihre genaue Einhaltung kann vom Unternehmer nur gefordert werden, wenn ihm dies bei der Struktur und Organisation seiner Unternehmung auch zumutbar ist. Die buchmäßige Erfassung von Bargeschäften kann danach ausnahmsweise auch dann noch als ordnungsmäßig angesehen werden, wenn sie aus zwingenden wirtschaftlichen Gründen erst am folgenden Geschäftstag erfolgt. Es wird nicht beanstandet, wenn die Kreditgeschäfte eines Monats bis zum Ablauf des folgenden Monats grundbuchmäßig erfaßt werden. Dabei wird vorausgesetzt, daß die allgemeinen Anforderungen an eine Buchführung erfüllt sind und der Unternehmer organisatorische Vorkehrungen trifft, um sicherzustellen, daß keine Buchführungsunterlagen bis zu deren grundbuchmäßigen Erfassung verlorengehen, zum Beispiel durch laufende Numerierung der Eingangs- und Ausgangsrechnungen.

— Bücher und die sonst erforderlichen Aufzeichnungen sind im Geltungsbereich der Abgabenordnung (Bundesrepublik Deutschland, Berlin (West)) zu führen und aufzubewahren.

— Buchungen und sonst erforderliche Aufzeichnungen sind in einer lebenden Sprache vorzunehmen; werden Abkürzungen, Ziffern, Buchstaben und Symbole verwendet, muß im Einzelfall deren Bedeutung eindeutig festliegen.

— Eine Buchung oder eine Aufzeichnung darf nicht in einer Weise verändert werden, daß der ursprüngliche Inhalt nicht mehr feststellbar ist. Auch solche Veränderungen dürfen nicht vorgenommen werden, deren Beschaffenheit es ungewiß läßt, ob sie ursprünglich oder erst später gemacht worden sind.

— Bei Buchführung auf Datenträgern muß sichergestellt sein, daß die Daten während der Dauer der Aufbewahrungsfrist verfügbar sind und jederzeit innerhalb angemessener Frist lesbar gemacht werden können.

Ähnliche oder gleichlautende Formulierungen zur Ordnungsmäßigkeit der Buchführung finden sich auch im § 43 HGB. Den Einkommensteuer-Richtlinien kann man im Abschnitt 29 eine Reihe weiterer Regeln zur Ordnungsmäßigkeit entnehmen:

— Auf ein bestimmtes Buchführungssystem kommt es nicht an.

— Die Funktion der Grundbuchaufzeichnungen kann auch durch eine geordnete und übersichtliche Belegablage (Offene — Posten — Buchhaltung) erfüllt werden.

— Bei Kreditgeschäften sind die Entstehung der Forderungen und Schulden und ihre Tilgung grundsätzlich als getrennte Geschäftsvorfälle zu behandeln. Für Kreditgeschäfte ist regelmäßig ein Kontokorrentkonto — möglichst unterteilt nach Gläubigern und Schuldnern — zu führen. Es wird nicht beanstandet, wenn Warenrechnungen und andere Rechnungen, die innerhalb von acht Tagen nach Rechnungseingang oder innerhalb der ihrem gewöhnlichen Durchlauf durch den Betrieb entsprechenden Zeit beglichen werden, kontokorrentmäßig nicht erfaßt werden.

Die Beachtung der Grundsätze ordnungsmäßiger Buchführung ist handelsrechtlich, steuerrechtlich, insolvenzrechtlich und ggf. strafrechtlich bedeutsam. Bei Zahlungseinstellung, Konkursverfahren oder Ablehnung eines Konkursantrages mangels Masse kann mit Freiheitsstrafe bis zu zwei Jahren oder mit Geldstrafe bestraft werden, wer Buchführungs- und Bilanzierungspflichten verletzt hat. Bei nicht ordnungsmäßiger Buchführung kommt steuerrechtlich eine Schätzung des Umsatzes, des Gewinns, des Betriebsvermögens u.a. in Betracht; dabei kommt es steuerrechtlich nicht darauf an, ob die Mängel der Buchführung z.B. wegen fehlender Fachkenntnisse, Krankheit, hohen Alters u.ä. entschuldbar sind. Allein der objektive Zustand der Buchführung entscheidet. Zudem kann nur eine ordnungsmäßige Buchführung und der hieraus über die Inventur abgeleitete Jahresabschluß Grundlage für eine hinreichend sichere Beurteilung der Unternehmung sein.

3 Bilanzierung und Bewertung wesentlicher Posten des Jahresabschlusses

Inhaltsübersicht

3.1 Bilanzierung und Bewertung des Anlagevermögens

Das Anlagevermögen einer Unternehmung umfaßt die Gesamtheit der Vermögensgüter, die am Abschlußstichtag dazu bestimmt sind, dem Geschäftsbetrieb dauernd zu dienen (Gegensatz: Umlaufvermögen). Das Anlagevermögen gliedert sich in Sachanlagen und immaterielle Anlagewerte sowie in Finanzanlagen. Zu den Sachanlagen gehören Grundstücke, Geschäfts-, Fabrik- und Wohngebäude, Maschinen, Betriebs- und Geschäftsausstattung. Immaterielle Teile des Anlagevermögens sind der Firmenwert, Konzessionen, Patente, Lizenzen, Marken, Schutzrechte. Beteiligungen, Wertpapiere des Anlagevermögens und Ausleihungen mit einer Laufzeit von mindestens vier Jahren bilden die Finanzanlagen.

Die Bilanzierung und Bewertung von Gegenständen des Anlagevermögens wird an ausgewählten Beispielen aufgezeigt.

3.1.1 Bilanzierung und Bewertung von Sachanlagen

Eine Drehbank wird zum Preis von 50.000 DM + Umsatzsteuer gekauft. An Transportkosten und Montage fallen 5.000 DM + Umsatzsteuer an. Laut AfA-Tabelle beträgt die betriebsgewöhnliche Nutzungsdauer 10 Jahre. Wie ist dieses Wirtschaftsgut zu bewerten und zu bilanzieren?

Abnutzbare Wirtschaftsgüter des Anlagevermögens sind mit den Anschaffungs- oder Herstellungskosten, vermindert um die Absetzungen für Abnutzungen (AfA), zu bewerten (§ 153 AktG, § 6 EStG). Die Vornahme von Absetzungen (Abschreibungen) ist zwingend und nicht in das Belieben des Unternehmers gestellt. Zu den Anschaffungskosten gehören alle Aufwendungen des Unternehmers, um den betreffenden Gegenstand »betriebsbereit« zu machen, also in erster Linie der Kaufpreis (ohne Umsatzsteuer). Zu den Anschaffungskosten gehören aber auch alle Nebenkosten, die in unmittelbarem ursächlichen Zusammenhang mit dem Kauf und der Inbetriebnahme des Anlagegutes stehen, wie Kosten des Kaufvertrages (z.B. Notariatskosten beim Grundstückskauf), Eingangsfrachten, Montagekosten usw. Nicht zu den Anschaffungskosten gehören Finanzierungskosten. Die Anschaffungskosten sind zu vermindern um Preisnachlässe (Rabatte, Skontoabzüge, Kaufpreisminderungen aufgrund einer Mangelrüge, Steuervergütungen, die in ursächlichem Zusammenhang mit dem Anschaffungsgeschäft stehen — wie zum Beispiel der Kürzungsanspruch beim Erwerb eines in Berlin-West hergestellten Gegenstandes von einem Berliner Unternehmer).

Danach stellen sich die Anschaffungskosten in dem dargestellten Beispiel auf

Kaufpreis der Drehbank	50.000 DM
+ Kosten für Transport und Montage	5.000 DM
Anschaffungskosten	55.000 DM

Dieser Betrag von 55.000 DM ist als Zugang auf dem Konto »Maschinen und maschinelle Ausstattung« (oder einem Unterkonto) zu aktivieren und auf die Nutzungsdauer abzuschreiben. Nach § 154 (1) AktG ist für Anlagegegenstände mit zeitlich begrenzter Nutzung intern ein Abschreibungsplan aufzustellen, aus dem sich die jährlichen Abschreibungsbeträge ergeben (vgl. hierzu das unter 2.1.1 dargestellte Anlageverzeichnis).

Bei ganz strenger Betrachtung müßten die Anschaffungs- bzw. Herstellungskosten für die Berechnung der AfA um den Betrag gekürzt werden, der sich beim Verkauf des Anlagegutes am Ende seiner betrieblichen Nutzung als geschätzter Nettoerlös ergibt. Die Untergrenze dieses Nettoerlöses ist der Schrottwert des Wirtschaftsgutes. »Die Finanzverwaltung berücksichtigt einen Schrottwert nur bei Schiffen. Zu einer Berücksichtigung des Schrottwertes bei schrottintensiven Anlagen hat man sich offensichtlich deshalb nicht entschieden, weil der mit der Beseitigung dieser Anlagen verbundene Kostenaufwand regelmäßig einen vorhandenen Schrottwert aufzehren würde. Bei Seeschiffen bis 1600 BRT wird ein Schrottwert von 50 DM je 1000 kg Gewicht, bei größeren von 100 DM jeweils für 1000 kg Gewicht berücksichtigt.«[1)]

Bei der Drehbank wird somit in der Wirtschaftspraxis kein Schrottwert berücksichtigt; die gesamten Anschaffungskosten von 55.000 DM werden auf die betriebsgewöhnliche Nutzungsdauer verteilt.

Wie werden sie verteilt?

Bei der linearen AfA (§ 7 Abs. 1 EStG) werden die Anschaffungs- oder Herstellungskosten gleichmäßig auf die gesamte Nutzungsdauer verteilt. Am Ende der Nutzungsdauer — hier nach 10 Jahren — ist das Anlagegut voll abgeschrieben bzw. steht noch mit einem Erinnerungsposten von 1 DM zu Buch.

Der Prozentsatz der linearen Absetzung für Abnutzung berechnet sich aus $\frac{100}{\text{Nutzungsdauer}}$, d.h. 10% bei einer zehnjährigen Nutzungsdauer.

Die jährliche Abschreibung beträgt 5.500 DM. Für das Jahr der Anschaffung oder Herstellung ist folgendes zu beachten: Der erste Jahresbetrag von 5.500 DM ist grundsätzlich auf den zeitanteiligen Teil der Nutzung umzurechnen, also bei Anschaffung der Drehbank (Tag der Betriebsbereitschaft) 1. Oktober für 3. Monate. Die AfA des ersten Jahres betrüge dann

1) Ernst Maas, Steuerliche Bilanzierungs- und Bewertungsgrundsätze, in: Schöning-Lembcke, Handbuch der Bilanzierung, Buchführung und Kostenrechnung, Gabler Handbuch; Betriebswirtschaftlicher Verlag Dr. Th. Gabler, Wiesbachen 1979, Seite 94.

$$\frac{5.500 \text{ x } 3 \text{ (Oktober — Dezember)}}{12} = 1.375 \text{ DM.}$$

Nach weiteren 9 Jahren mit einer Jahres-AfA von jeweils 5.500 DM stellte sich die AfA des letzten Jahres auf (5.500 DM ./. 1.375 DM) 4.125 DM oder 4.124 DM, wenn weiterhin (bis zum Ausscheiden des Wirtschaftsguts aus dem Betriebsvermögen) ein Erinnerungswert von 1 DM aktiviert werden soll. Aus Gründen der Vereinfachung kann jedoch bei beweglichen abnutzbaren Wirtschaftsgütern des Anlagevermögens der volle Jahres-AfA-Betrag im Jahr der Anschaffung oder Herstellung angesetzt werden, wenn die Anschaffung oder Herstellung in der ersten Hälfte des Wirtschaftsjahres erfolgt; die AfA kann gleichfalls vereinfachend mit einem halben Jahres-AfA-Betrag angesetzt werden bei Anschaffung oder Herstellung des Anlagegutes in der zweiten Jahreshälfte.

Die vom Unternehmer einmal für das einzelne Anlagegut gewählte lineare Abschreibungsmethode ist bis zum Ende der Nutzungsdauer beizubehalten. Es ist nicht zulässig, von der linearen AfA während der Nutzungszeit (Abschreibungsdauer) zu einer anderen Methode zu wechseln. Eine andere Methode hätte der Unternehmer dann von Anbeginn an wählen müssen, zum Beispiel die geometrisch-degressive Methode.

Diese geometrisch-degressive AfA-Methode zeichnet sich dadurch aus, daß ein gleichbleibender Prozentsatz auf den jeweiligen Restbuchwert angewandt wird. Dadurch sinkt der Abschreibungsbetrag von Jahr zu Jahr (Absetzung in fallenden Jahresbeträgen). Diese Abschreibung führt in den ersten Jahren zu wesentlich höheren Abschreibungsbeträgen als die lineare Methode. Ein Restbuchwert von 0 DM bzw. 1 DM wird bei dieser Methode jedoch nicht erreicht. Ein Wechsel von der geometrisch-degressiven AfA-Methode zur linearen ist jederzeit zulässig. Nach den Vorschriften des Einkommensteuerrechts (§ 7 Abs. 2 EStG) kommt diese Abschreibung nur für bewegliche Wirtschaftsgüter des Anlagevermögens in Betracht. Der anzuwendende Prozentsatz darf höchstens das Zweieinhalbfache des bei der linearen AfA anzuwendenden Hundertsatzes betragen und 25 % nicht übersteigen. Bei einer zehnjährigen Nutzungsdauer beträgt der Prozentsatz der geometrisch-degressiven AfA 25%.

Bei einer Anschaffung der Drehbank in der ersten Jahreshälfte zeigt sich folgende Entwicklung der Abschreibung und der Bilanzwerte nach beiden Methoden:

	Lineare AfA	geom.-degr. AfA
Anschaffungskosten	55.000,— DM	55.000,— DM
./. AfA 1. Jahr	5.500,— DM	13.750,— DM
Restwert 1. Jahr	49.500,— DM	41.250,— DM
./. AfA 2. Jahr	5.500,— DM	10.312,50 DM
Restwert 2. Jahr	44.000,— DM	30.937,50 DM
./. AfA 3. Jahr	5.500,— DM	7.734,38 DM
Restwert 3. Jahr	38.500,— DM	23.203,12 DM
./. AfA 4. Jahr	5.500,— DM	5.800,78 DM
Restwert 4. Jahr	33.000,— DM	17.402,34 DM
./. AfA 5. Jahr	5.500,— DM	4.350,59 DM
Restwert 5. Jahr	27.500,— DM	13.051,75 DM
./. AfA 6. Jahr	5.500,— DM	3.262,94 DM
Restwert 6. Jahr	22.000,— DM	9.788,81 DM
./. AfA 7. Jahr	5.500,— DM	2.447,20 DM
Restwert 7. Jahr	16.500,— DM	7.341,61 DM
./. AfA 8. Jahr	5.500,— DM	1.835,40 DM
Restwert 8. Jahr	11.000,— DM	5.506,21 DM
./. AfA 9. Jahr	5.500,— DM	1.376,55 DM
Restwert 9. Jahr	5.500,— DM	4.129,66 DM
./. AfA 10. Jahr	5.500,— DM	1.032,42 DM
Restwert 10. Jahr	0,— DM	3.097,24 DM

Ein Wechsel nach dem 6. Jahr (Restbuchwert 9.788,81 DM) von der geometrisch-degressiven zur linearen AfA, hätte dann zu linearen Jahresabschreibungsbeträgen von $\frac{9.788{,}81\ \text{DM}}{4} = 2.447{,}20\ \text{DM}$

und ebenfalls zu einem Restbuchwert von 0 DM (bzw. 1 DM Erinnerungswert) geführt.

Es ist auch möglich, die Drehbank arithmetisch-degressiv abzuschreiben. Bei dieser Methode vermindert sich der Abschreibungsbetrag dadurch, daß ein ständig kleiner werdender Abschreibungssatz auf die Anschaffungs- oder Herstellungskosten bezogen wird.

$$\frac{\text{Anschaffungs- oder Herstellungskosten}}{1 + 2 + 3 + \ldots\ldots\ldots + \text{letztes Jahr der Nutzung}}$$

Bezogen auf das Zahlenbeispiel mit der Drehbank:

$$\frac{55.000}{1 + 2 + 3 + 4 + 5 + 6 + 7 + 8 + 9 + 10} = \frac{55.000}{55} = 1.000.$$

Die jährlichen Abschreibungsbeträge sind

im 1. Jahr	10 x 1.000	=	10.000 DM,
im 2. Jahr	9 x 1.000	=	9.000 DM,
im 3. Jahr	8 x 1.000	=	8.000 DM,
im 4. Jahr	7 x 1.000	=	7.000 DM,
im 5. Jahr	6 x 1.000	=	6.000 DM,
im 6. Jahr	5 x 1.000	=	5.000 DM,
im 7. Jahr	4 x 1.000	=	4.000 DM,
im 8. Jahr	3 x 1.000	=	3.000 DM,
im 9. Jahr	2 x 1.000	=	2.000 DM,
im 10. Jahr	1 x 1.000	=	1.000 DM.
Abschreibungssumme nach 10 Jahren			55.000 DM

Der Degressionseffekt ist bei dieser Abschreibungsmethode geringer, aber nach 10 Jahren wird wie bei der linearen AfA-Methode der Restbuchwert von 0 DM bzw. 1 DM erreicht. Sollte diese arithmetisch-degressive AfA-Methode für ein Wirtschaftsgut des Anlagevermögens gewählt worden sein, darf von ihr auf die lineare Methode übergewechselt werden. Ein Wechsel zwischen den beiden degressiven Abschreibungsmethoden während der Nutzungsdauer des Anlagegutes ist dagegen nicht zulässig.

Wird ein Wirtschaftsgut während seiner Nutzungszeit durch nachträglichen Herstellungsaufwand verbessert, erhöhen sich dadurch die Ausgangswerte für die Bemessung der Absetzung für Abnutzung, d.h., der im Zeitpunkt der Wertverbesserung vorhandene Restbuchwert ist um den nachträglichen Herstellungsaufwand zu erhöhen; dieser Betrag muß dann auf die Restnutzungsdauer verteilt werden. Dabei ist es durchaus möglich, daß solche Wertverbesserungsmaßnahmen zugleich die Restnutzungsdauer verlängern; dann müßte die Summe aus Restbuchwert und nachträglichen Herstellungskosten auf die längere Restnutzungsdauer verteilt werden.

Wenn der Unternehmer das abnutzbare Wirtschaftsgut des Anlagevermögens nicht erwirbt, sondern selbst herstellt, treten die Herstellungskosten an die Stelle der Anschaffungskosten. Zu den Herstellungskosten gehören alle Aufwendungen, die durch den Verbrauch von Gütern und die Inanspruchnahme von Diensten für die Herstellung des Gutes entstehen. Die Herstellungskosten ergeben sich aus dem Schema der Zuschlagskalkulation nach folgendem Beispiel:

Fertigungsmaterial	75.000 DM
Materialgemeinkosten	7.500 DM
Materialkosten	82.500 DM
Fertigungslohn	60.000 DM
Fertigungsgemeinkosten	124.500 DM
Sondereinzelkosten	4.500 DM
Herstellkosten	271.500 DM
Verwaltungsgemeinkosten	95.600 DM
Herstellungskosten	367.100 DM

Dabei ist zu beachten, daß bezüglich der Betriebs- und Verwaltungsgemeinkosten, einschließlich der Abschreibungen, die auf den Zeitraum der Herstellung entfallen, nur eine Kannvorschrift besteht, so daß, falls von dieser Möglichkeit Gebrauch gemacht wird, die Herstellungskosten praktisch mit den Herstellkosten zusammenfallen. Vertriebskosten dürfen auf keinen Fall in die Herstellungskosten einbezogen werden. Retrograd lassen sich die Herstellungskosten auch kennzeichnen als Selbstkosten abzüglich Vertriebsgemeinkosten und etwaige Sondereinzelkosten des Vertriebs.

Die Anschaffungs- und Herstellungskosten sind Begriffe des Handelsrechts und des Steuerrechts. Für die Bilanzierungs- und Bewertungspraxis hat daneben der Teilwert als rein steuerlicher Wert erhebliche Bedeutung. Nach § 6 (1) 1 EStG ist der Teilwert der Betrag, den ein Erwerber im Rahmen des Gesamtkaufpreises für das einzelne Wirtschaftsgut ansetzen würde unter der Voraussetzung, daß er den Betrieb unverändert fortführt. Bei beweglichen abnutzbaren Wirtschaftsgütern des Anlagevermögens, wie in dem Beispiel mit der Drehbank, kann anstelle der Anschaffungs- bzw. Herstellungskosten abzüglich der Absetzung für Abnutzung der niedrigere Teilwert angesetzt werden.

Beispiel:

Der Unternehmer hatte die Drehbank für 50.000 DM zuzüglich 5.000 DM Nebenkosten (Transport und Montage) angeschafftt und ein Jahr linear abgeschrieben. Mit dem Buchwert von 49.500 DM wird dieses Anlagegut aus der Eröffnungsbilanz des 2. Jahres in das Konto übernommen. In diesem Jahr wird eine verbesserte Drehbank entwickelt, die ebenfalls 50.000 DM kostet. Die von dem Unternehmer erworbene Maschine wird in fabrikneuem Zustand nur noch mit 40.000 DM + Umsatzsteuer gehandelt. Was folgt aus dieser Entwicklung für die Berechnung der Absetzung für Abnutzung am Ende des 2. Jahres nach der Anschaffung?

Der Unternehmer hat ein Bewertungswahlrecht:

1. Er kann den bisherigen AfA-Betrag von 5.500 DM pro Jahr bis zum Ende des 10. Jahres beibehalten.
2. Er kann aber auch neben dieser normalen AfA in Höhe von 5.500 DM eine Teilwertabschreibung geltend machen. Diese errechnet sich entsprechend dem Alter des Anlagegutes aus dem Verhältnis der Restnutzungsdauer zur Gesamtnutzungsdauer, bezogen auf die Wertminderung für die neue Drehbank. Im Beispiel würde sie somit 8/10 von 10.000 DM = 8.000 DM betragen.

Bei Vornahme einer Teilwertabschreibung würde sich der Wertansatz für das Anlagegut am Ende des zweiten Jahres wie folgt entwickeln:

Buchwert zu Beginn des 2. Jahres	49.500 DM
abzüglich:	
lineare Absetzung für Abnutzung	5.500 DM
Teilwertabschreibung	8.000 DM
Restwert 2. Jahr	36.000 DM

Dieser neue Restwert ist auf die Restnutzungsdauer — hier 8 Jahre — gleichmäßig zu verteilen, d.h. Jahres-AfA für das 3. bis 10. Jahr der Nutzung: 36.000 DM : 8 = 4.500 DM.

Bei Wirtschaftsgütern, die bereits am Schluß des vorangegangenen Wirtschaftsjahres zum Betriebsvermögen gehört haben, darf der Bilanzansatz nach § 6 Abs. 1 Ziffer 1 letzter Satz EStG nicht über den letzten Bilanzansatz hinausgehen. Eine Rückgängigmachung der einmal vorgenommenen Teilwertabschreibung und damit ein Bilanzansatz über dem Vorjahresansatz ist steuerlich unzulässig, handelsrechtlich dagegen nach § 154 Abs. 2 letzter Satz AktG zulässig.

Auf Grund und Boden kann keine Absetzung für Abnutzung berücksichtigt werden, wohl aber in begründeten Fällen eine Abschreibung auf den niedrigeren Teilwert.

Beispiel:

Eine Unternehmung hatte ein unbebautes Grundstück als demnächst zu bebauendes Vorratsgelände für 200.000 DM einschließlich aller Erwerbsnebenkosten (Grunderwerbsteuer, Kosten des Notars, des Gerichts usw.) erworben. Geplant war der Bau eines dreigeschossigen Bürogebäudes. Aufgrund geänderten Flächennutzungsplanes ist nur noch eingeschossige Bauweise möglich.

In diesem Fall kann auf den niedrigeren Teilwert abgeschrieben werden. Dieser Wert ist im Wege der Schätzung zu ermitteln, und zwar als Antwort auf die Frage, welchen Preis ein Erwerber des ganzen Betriebes im Rahmen des Gesamtkaufpreises unter dieser Baueinschränkung für den Bauplatz ausgeben würde und unter der Voraussetzung, daß dieser Erwerber den Betrieb unverändert fortführen würde.

Die Anschaffungs- oder Herstellungskosten des Gebäudes sind nach § 7 (4) EStG in gleichen Jahresbeträgen abzuschreiben, und zwar bei Gebäuden, die nach dem 31. Dezember 1924 fertiggestellt worden sind, mit jährlich 2 vom Hundert, bei Gebäuden, die vor dem 1. Januar 1925 fertiggestellt worden sind, jährlich mit 2,5 vom Hundert. Beträgt die tatsächliche Nutzungsdauer weniger als 40 bzw. 50 Jahre, so können an Stelle der Absetzungen für Abnutzung mit 2,5% bzw. 2% die der tatsächlichen Nutzungsdauer entsprechenden Absetzungen für Abnutzung vorgenommen werden.

Bei Gebäuden, die ein Unternehmer selbst hergestellt oder im Jahr der Fertigstellung angeschafft hat, kann an die Stelle der linearen AfA nach § 7 Abs. 4 EStG eine degressive AfA nach § 7 Abs. 5 EStG treten: Es können als AfA die folgenden Beträge abgezogen werden:

Im Jahr der Fertigstellung und in den folgenden 11 Jahren jeweils 3,5 %, in den darauffolgenden 20 Jahren jeweils 2% und in den letzten 18 Jahren jeweils 1% der Herstellungskosten oder der Anschaffungskosten. Diese Absetzung für Abnutzung ist auch unter den Bezeichnungen »sprungdegressive AfA« bzw. »Staffel-AfA« bekannt.

Auf die vielfältigen Möglichkeiten der erhöhten Abschreibungen (Sonderabschreibungen) für besondere Investitionen aus Gründen des Umweltschutzes, zur Förderung des Zonenrandgebietes und Berlins, um nur einige zu nennen, soll an dieser Stelle nicht weiter eingegangen werden.

3.1.2 Bilanzierung und Bewertung immaterieller Anlagewerte

Für immaterielle Anlagewerte, wie Patente, Firmenwert u.ä., darf nach § 153 Abs. 3 AktG ein Aktivposten nur angesetzt werden, wenn die Unternehmung diese Werte entgeltlich erworben hat. Dieser Grundsatz gilt in gleicher Weise für die dem Finanzamt einzureichende Steuerbilanz (Maßgeblichkeit der Handelsbilanz für die Steuerbilanz).

In der Bilanz der Firma Dorn & Co KG (vgl. 2.1.1) auf den 31.12.1980 sowie in der danach folgenden Schlußbilanz wird ein Firmenwert in Höhe von 235.000 DM ausgewiesen. Wie ist es zu diesem Firmenwert gekommen? Dazu diese Angaben aus der Firmengeschichte: Bis zum 31. Mai 1977 war neben dem Komplementär Dorn und dem Kommanditisten Beer ein weiterer Gesellschafter in der Unternehmung, und zwar der Komplementär Schrader. In gutem Einvernehmen mit den anderen Gesellschaftern schied Schrader zum 1. Juni 1977 aus der Kommanditgesellschaft aus. Die Bilanz vor Ausscheiden dieses Komplementärs auf den 31. Mai 1977 zeigte folgendes Bild:

Bilanz auf den 31. Mai 1977
Firma Dorn & Co KG, xhausen

Aktiva	DM	Passiva	DM
Anlagevermögen		**Eigenkapital**	
Fuhrpark	36.000	Komplementär Dorn	720.119
Betriebsausstattung	94.300	Komplementär Schrader	119.621
GWG	1	Kommanditist Beer (fest)	240.000
Umlaufvermögen		Kommanditist Beer (var.)	12.783
Warenbestand	619.700	**Fremdkapital**	
Forderungen aus LuL	777.333	Rückstellungen	31.000
sonstige Forderungen	47.906	Verbindlichkeiten aus LuL	843.621
Bank	462.800	sonstige Verbindlichk.	93.098
Kasse	19.612		
Aktive RAP	2.590		
	2.060.242		2.060.242

Laut Gesellschaftsvertrag hatte der ausscheidende Gesellschafter Schrader Anspruch auf

1. Barauszahlung seines Eigenkapitals einschließlich Gewinngutschrift für die Zeit vom 1.1. bis zum 31. Mai 1977, die in dem Bilanzausweis von 119.621 DM enthalten ist,

2. 50% Anteil an den stillen Reserven und

3. 50% Anteil am Firmenwert.

Die Ansprüche Schraders aus 2. und 3. wurden sechs Monate nach dem Austritt aus der Personengesellschaft fällig, also zum 30. November 1977.

Zum 31. Mai 1977 wurden Schrader 119.621 DM von der KG überwiesen. Zur Abgeltung der Ansprüche des ausscheidenden Gesellschafters auf einen Anteil an den stillen Reserven und dem Firmenwert einigten sich die Gesellschafter auf eine Zahlung von insgesamt 300.000 DM, die zum 30. November fällig wurde.

In welcher Weise war dieser Betrag von 300.000 DM auf stille Reserven und Firmenwert aufzuteilen?

Auf der Grundlage zweier unabhängiger Gutachten — erstellt für die verbleibenden Gesellschafter vom Steuerberater der Firma Dorn & Co KG, für den ausscheidenden Gesellschafter von einem ihm befreundeten Wirtschaftsprüfer — enthielten die Wirtschaftsgüter folgende stillen Reserven (bei abweichenden Gutachterwerten wurde der Mittelwert gewählt):

Fuhrpark	14.000 DM
Betriebsausstattung	40.000 DM
GWG	6.000 DM
Warenbestand	70.000 DM
Summe der stillen Reserven	130.000 DM

Aufgrund des Gesellschaftsvertrages standen diese stillen Reserven zu 50% dem Komplementär Schrader zu, also in Höhe von 65.000 DM. Mit dem Austritt Schraders und der Zahlungsverpflichtung an ihn in Höhe von 300.000 DM gingen diese stillen Reserven auf die verbleibenden Gesellschafter über. Die an Schrader zu leistende Zahlung ging jedoch über seinen ideellen Anteil an den stillen Reserven weit hinaus. Der übersteigende Betrag von 235.000 DM war der Kaufpreis für Schraders Anteil an dem in der Unternehmung steckenden Firmenwert. Beide Beträge — 65.000 DM für die stillen Reserven und 235.000 DM für den Firmenwert — waren in der KG-Bilanz zu aktivieren. Bei dem ausscheidenden Gesellschafter Schrader entstand in Höhe der Zahlungen, die sein Eigenkapitalkonto überstiegen, ein steuerpflichtiger Veräußerungsgewinn, hier also in Höhe von 300.000 DM.

Nach Ausscheiden Schraders zeigte die KG-Bilanz auf den 1.6.1977 somit folgende Positionen:

Bilanz der Firma Dorn & Co KG auf den 1. Juni 1977

Aktiva		DM	Passiva	DM
Anlagevermögen			**Eigenkapital**	
Fuhrpark			Komplementär Dorn	720.119
31.5.1977	36.000		Kommanditist Beer (fest)	240.000
+ st. Res.	7.000	43.000	Kommanditist Beer (var.)	12.783
Betriebsausstattung			Fremdkapital	
31.5.1977	94.300		Rückstellungen	31.000
+ st. Res.	20.000	114.300	Verbindlichkeiten LuL	843.621
GWG			sonstige Verbindlichk.	93.098
31.5.1977	1		Verb. an Schrader	300.000
+ st. Res.	3.000	3.001		
Firmenwert		235.000		
Umlaufvermögen				
Warenbestand				
31.5.1977	619.700			
+ st. Res.	35.000	654.700		
Forderungen aus LuL		777.333		
sonstige Forderungen		47.906		
Bank	462.800			
— Schrader	119.621	343.179		
Kasse		19.612		
Aktive RAP		2.590		
		2.240.621		2.240.621

Die anteiligen stillen Reserven wurden also jeweils dem Buchwert derjenigen Wirtschaftsgüter hinzugerechnet, in denen sie enthalten waren. Die restlichen 50% der stillen Reserven, z.B. beim Fuhrpark 7.000 DM, wurden nicht aufgedeckt und blieben »still«.

Die aufgedeckten stillen Reserven waren wie nachträgliche Anschaffungskosten zu behandeln. Ohne Veränderung der Restnutzungsdauer war künftig von den höheren Bilanzwerten vom 1.6.1977 abzuschreiben, soweit die stillen Reserven auf Wirtschaftsgüter des Anlagevermögens entfielen (Ausnahme: Firmenwert!). Beim Warenbestand führte die Erhöhung des Bilanzwertes um 35.000 DM über den entsprechend höheren Wareneinsatz zu einer Verminderung des Warenrohgewinns und letztlich des Reingewinns aus Gewerbebetrieb. Was geschah mit dem Firmenwert von 235.000 DM? Dieser Wert ist in der Steuerbilanz grundsätzlich nicht abschreibbar. Er wird unverändert von einer Schlußbilanz in die folgende Schlußbilanz übernommen. Es ist außerordentlich schwierig, einen solchen Geschäftswert im Laufe der Jahre abzuschreiben und dadurch zu einer Gewinn- und Steuerminderung zu kommen. Der Bundesfinanzhof hat beispielsweise eine Ausnahme für den Fall zugelassen, daß ein Handwerker einen Betrieb übernommen und für den Firmenwert eine Zahlung geleistet hatte. Da dieser Handwerksmeister in den späteren Jahren keinen höheren Gewinn erwirtschaften konnte als einen angemessenen Unternehmerlohn, den er sicherlich auch als Angestellter oder Facharbeiter in einem fremden Betrieb verdient hätte, ist vor allem bei kleineren Gewerbebetrieben, die nicht so sehr durch Kapitaleinsatz, sondern weitgehend nur von der persönlichen Arbeitsleistung des Unternehmers getragen werden, eine Teilwertabschreibung auf den Firmenwert am Platz. Die Gewinnsituation der Firma Dorn & Co KG gab bisher für eine Teilwertabschreibung auf den Firmenwert keine Veranlassung.

Unternehmer, die neben der Steuerbilanz auch eine Handelsbilanz (z.B. Aktiengesellschaften zur Veröffentlichung!) aufstellen, was bei Einzelunternehmungen und Personengesellschaften in der Praxis nicht häufig vorkommt, haben für die Handelsbilanz ein Wahlrecht bei der Aktivierung des aus einem Verkauf bzw. einem Gesellschafteraustritt abgeleiteten Firmenwerts derivativer Firmenwert).

1. Die Zahlungen für den Firmenwert brauchen nicht aktiviert zu werden. Im Beispiel kann der Betrag von 235.000 DM sofort als a.o. Aufwand in die Gewinn- und Verlustrechnung gestellt werden.
2. Wird dagegen der Firmenwert in der Handelsbilanz aktiviert, ist dieser Betrag von 235.000 DM linear in fünf Jahren abzuschreiben.

Hinsichtlich der Behandlung des Firmenwerts ist die Handelsbilanz ausnahmsweise für die Steuerbilanz nicht maßgebend.

3.1.3 Bilanzierung und Bewertung von Finanzanlagen

Bewertungsmaßstab für Beteiligungen und Wertpapiere des Anlagevermögens sind die Anschaffungskosten; Herstellungskosten scheiden aus. Absetzungen für Abnutzungen sind begrifflich bei Finanzanlagen nicht möglich. Wertminderungen können nur im Wege der Teilwertabschreibung berücksichtigt werden. Der Ansatz des niedrigeren Teilwertes liegt im Ermessen des Unternehmers, d.h., der Ansatz dieses niedrigeren Wertes ist grundsätzlich nicht zwingend (gemildertes Niederstwertprinzip).

Dazu ein Beispiel:

Eine Unternehmung erwarb im September 1977 Aktien als Daueranlage (200 Aktien à 50 DM Nennwert = 10.000 DM Nennwert). Der Preis pro Aktie lag bei 100 DM. Zu den Anschaffungskosten von 20.000 DM kamen Börsenumsatzsteuer, Provisionen und Spesen, die mit 1% des Kurswertes, d.h. 200 DM, zu veranschlagen sind. Der Preis für eine 50-DM-Aktie entwickelte sich wie folgt:

Bilanzstichtag	Preis für eine 50-DM-Aktie
31.12.1977	105 DM
31.12.1978	90 DM
31.12.1979	95 DM
31.12.1980	110 DM

Wie ist diese Finanzanlage an den einzelnen Bilanzstichtagen zu bewerten?

Der Grundsatz, nach dem nicht realisierte Gewinne nicht ausgewiesen werden dürfen, gilt generell. Die Anschaffungskosten von 20.200 DM bilden die Obergrenze für die Bewertung. Somit sind die Aktien am 31.12.1977 mit 20.200 DM zu bilanzieren.

Am folgenden Bilanzstichtag (31.12.1978) ermöglicht der Preis von 90 DM für eine Aktie einen Bilanzansatz von

$$\frac{\text{neuer Preis der Aktie x Anschaffungskosten}}{\text{Kaufpreis der Aktie}} =$$

$$\frac{90 \text{ x } 20.200}{100} = 18.180 \text{ DM.}$$

Die Unternehmung kann (muß nicht!) die Aktien mit 18.180 DM bewerten. Sie darf aber auch den ursprünglichen Bilanzansatz von 20.200 DM beibehalten und — das wäre die dritte Möglichkeit — jeden Wert zwischen 20.200 DM und 18.180 DM bilanzieren. Die Kursentwicklung (Preisentwicklung) am 31.12.1979 gestattet, soweit am 31.12.1978 ein niedrigerer Wert angesetzt worden war, eine Wertzuschreibung auf

$\frac{95 \text{ x } 20.200}{100} = 19.190$ DM. Der am 31.12.1978 gewählte Bilanzansatz darf ebenfalls beibehalten werden. Für den Bilanzansatz zum 31.12.1980 gilt das entsprechend, also Zuschreibung auf den höheren Wert oder Beibehaltung des vorjährigen Bilanzwertes. Die Obergrenze für eine Zuschreibung sind die Anschaffungskosten von 20.200 DM.

3.2 Bilanzierung und Bewertung des Umlaufvermögens

3.2.1 Allgemeine Bewertungsgrundsätze für das Umlaufvermögen

Die Bewertung des Umlaufvermögens richtet sich nach § 6 Abs. 1 Ziffer 2 EStG. Danach ist das Umlaufvermögen mit den Anschaffungs- oder Herstellungskosten zu bewerten. Nach § 155 Abs. 2 AktG müssen für einen bilanzierenden Kaufmann Wertminderungen beim Umlaufvermögen stets berücksichtigt werden. Nach dem Grundsatz der Maßgeblichkeit der Handelsbilanz für die Steuerbilanz besteht dieser Abschreibungszwang (strenges Niederstwertprinzip) auch für die Steuerbilanz.

3.2.2 Bilanzierung und Bewertung von Wertpapieren des Umlaufvermögens

Die unter 3.2.1 dargelegten allgemeinen Grundsätze für die Bilanzierung und Bewertung von Umlaufvermögen sollen auf das unter 3.1.3 dargestellte Beispiel mit den Wertpapieren übertragen werden. Danach müssen bzw. können die Aktien an den einzelnen Bilanzstichtagen wie folgt bewertet werden:

Bilanzstichtag	Preis einer 50-DM-Aktie	Bilanzansatz
31.12.1977	105 DM	20.200 DM
31.12.1978	90 DM	18.180 DM
31.12.1979	95 DM	18.800 DM bis 19.190 DM
31.12.1980	110 DM	18.180 DM bis 20.200 DM.

Die Zuordnung dieser Wertpapiere zum Anlage- oder Umlaufvermögen ist allein von der Verwendungsabsicht des Unternehmers abhängig. Bei einer auf Dauer vorgesehenen Anlage handelt es sich um Anlagevermögen, bei kurzfristiger Anlage um Umlaufvermögen. Ein längeres Belassen dieser Papiere im Betriebsvermögen spricht wie eine gewisse Beteiligungshöhe für Anlagevermögen.

3.2.3 Bilanzierung und Bewertung von Vorräten

Für die Aufstellung des Jahresabschlusses gilt der Grundsatz der Einzelbewertung: Danach ist jedes Wirtschaftsgut mit seinen tatsächlichen Anschaffungs- oder Herstellungskosten oder mit dem niedrigeren Teilwert (beim Umlaufvermögen: strenges Niederstwertprinzip!) zu bewerten. Bestimmte Vorräte vermischen sich bei der Lagerung, und es ist bei der Inventur absolut unmöglich festzustellen, aus welcher Teillieferung sie stammen. Hier läßt sich eine Einzelbewertung nicht oder nur mit einem unverhältnismäßig hohen Zeit- und Geldaufwand vornehmen. In diesen Fällen ist es rechtlich zulässig und praktisch üblich, zu Durchschnittspreisen zu bewerten. Neben dieser Bewertung zu Durchschnittspreisen nach § 40 Abs. 4 Nr. 1 HGB ist eine Bewertung zum Festwert nach § 40 Abs. 4 Nr. 2 HGB für Vorräte nur dann zulässig, wenn der Bestand in seiner Größe, seinem Wert und seiner Zusammensetzung nur geringen Veränderungen unterliegt. Im Steuerrecht wird das Ausmaß der geringen Veränderung so präzisiert: »Übersteigt der für den Bilanzstichtag ermittelte Wert den bisherigen Festwert um mehr als 10 vom Hundert, so ist der ermittelte Wert als neuer Festwert maßgebend.«

Aus der Lagerbuchhaltung werden folgende Angaben für eine Vorratsart vertretbarer Güter entnommen, d.h. für Wirtschaftsgüter, die im Geschäftsverkehr nach Maß, Zahl oder Gewicht bestimmt werden. Ausgehend von einem Anfangsbestand und Zugängen in zeitlicher Reihenfolge sowie Angaben über die Zusammensetzung des Verbrauchs, soll der Bilanzwert dieser Vorräte abgeleitet werden. Die Bewertung erfolgt nach der Lifo-Methode, der Fifo-Methode, der Hifo- sowie nach der Durchschnittsmethode.

	Menge	Preis	Wert
Anfangsbestand	400	20,—	8.000,—
Zugänge in zeitlicher Reihenfolge	200	19,—	3.800,—
	300	18,—	5.400,—
	400	20,—	8.000,—
	240	22,—	5.280,—
	300	26,—	7.800,—
	60	19,20[1)]	1.152,—
Summe	1.900	—	39.432,—

Anmerkung zu 1): Der Preis von 19,20 DM pro Mengeneinheit entspricht dem generell gesunkenen Preisniveau und stellt damit den Niederstwert dar.

Der Verbrauch stellt sich laut Lagerbuchführung für das vorliegende Wirtschaftsjahr auf 1.300 Mengeneinheiten, so daß am Bilanzstichtag 600 Mengeneinheiten zu bewerten und zu bilanzieren sind.

Wie sind diese Vorräte nach der Lifo-Methode zu bewerten? Lifo ist die Abkürzung für »last in — first out«, d.h., die zuletzt beschafften Gegenstände werden zuerst verbraucht oder abgesetzt, so daß die alten Bestände auf Lager bleiben. Der Verbrauch von 1.300 Mengeneinheiten setzt sich danach wie folgt zusammen:

	Menge	Preis	Wert
Zusammensetzung des Verbrauchs oder Absatzes	60	19,20	1.152,—
	300	26,—	7.800,—
	240	22,—	5.280,—
	400	20,—	8.000,—
	300	18,—	5.400,—
Summe	1.300	—	27.632,—

Am Bilanzstichtag sind vorhanden 1.900 ./. 1.300 = 600 Mengeneinheiten, und zwar der Anfangsbestand mit 400 Mengeneinheiten und der erste Zukauf mit 200 Einheiten. Die Summe der Anschaffungskosten dieser Mengen stellt sich auf 11.800 DM. Bei einem am Bilanzstichtag generell gesunkenen Preisniveau von 19,20 DM pro Mengeneinheit sind diese Mengen zu bewerten mit

400 Mengen mit 19,20 DM (strenges Niederstwertprinzip!)	7.680 DM
200 Mengen mit den Anschaffungskosten von 19,— DM pro Mengeneinheit	3.800 DM
Bilanzansatz bei Anwendung der Lifo-Methode	11.480 DM

Bei der Fifo-Methode (»first in — first out«) wird unterstellt, daß die zuerst beschafften Gegenstände auch zuerst verbraucht bzw. abgesetzt werden. Verbraucht wurden demnach diese Mengen:

	Menge	Preis	Wert
Zusammensetzung des	400	29,—	8.000,—
Verbrauchs oder	200	19,—	3.800,—
Absatzes	300	18,—	5.400,—
	400	20,—	8.000,—
Summe	1.300	—	25.200,—

Die am Bilanzstichtag vorhandenen Mengen (600 Einheiten) bestehen aus den zuletzt getätigten Einkäufen, und zwar

60 Einheiten à 19,20 DM =	1.152 DM Anschaffungskosten
300 Einheiten à 26,— DM =	7.800 DM Anschaffungskosten
240 Einheiten à 22,— DM =	5.280 DM Anschaffungskosten
600 Einheiten zu	14.232 DM Anschaffungskosten.

In Anbetracht des auf 19,20 DM generell gesunkenen Preisniveaus sind in diesem Fall der Fifo-Methode alle Mengeneinheiten am Bilanzstichtag mit 19,20 DM zu bewerten, also

Bilanzansatz bei Anwendung der Fifo-Methode	11.520 DM

Eine Bewertung der zu 26 DM und 22 DM pro Einheit gekauften Mengen zu Anschaffungskosten wird vom strengen Niederstwertprinzip untersagt.

Bei der Hifo-Methode (»highest in — first out«) werden die zu den höchsten Preisen erworbenen Wirtschaftsgüter zuerst verbraucht oder abgesetzt. Die am preisgünstigsten erworbenen Güter sind am Bilanzstichtag auf Lager der Unternehmung. Welche Vorratsposten sind demnach in dem Gesamtverbrauch (Gesamtabsatz) von 1.300 Mengeneinheiten enthalten?

	Menge	Preis	Wert
Zusammensetzung des	300	26,— DM	7.800,—
Verbrauchs oder	240	22,— DM	5.280,—
Absatzes	760	20,— DM	15.200,—
Summe	1.300	—	28.280,—

Am Bilanzstichtag sind danach noch vorhanden:

40 Mengen à 20,— DM	=	800,— DM Anschaffungskosten
60 Mengen à 19,20 DM	=	1.152,— DM Anschaffungskosten
200 Mengen à 19,— DM	=	3.800,— DM Anschaffungskosten
300 Mengen à 18,— DM	=	5.400,— DM Anschaffungskosten
600 Mengen zu		11.152,— DM Anschaffungskosten

Die zu 20 DM je Mengeneinheit erworbenen Vorräte sind wiederum nach dem strengen Niederstwertprinzip mit 19,20 DM zu bewerten. Die 60 Mengen sind mit ihren Anschaffungskosten von 19,20 DM je Mengeneinheit anzusetzen. Auch die weiteren 200 und 300 Einheiten sind mit ihren Anschaffungskosten zu bewerten; für diese Partien stellen die Anschaffungskosten die Bewertungsobergrenze dar.

Bewertung zum Bilanzstichtag bei Anwendung der Hifo-Methode:

100 Mengen zu 19,20 DM =	1.920,— DM
200 Mengen zu 19,— DM =	3.800,— DM
300 Mengen zu 18,— DM =	5.400,— DM
Bilanzansatz bei Anwendung der Hifo-Methode	11.120,— DM

Generell sind diese drei Methoden (Lifo, Fifo, Hifo) im Steuerrecht nicht anwendbar. Sie werden für die Ermittlung der Wertansätze in der Steuerbilanz nur dann anerkannt, wenn die tatsächliche Lagerbewegung den Annahmen dieser Verfahren entspricht. Grundsätzlich kommt die Bewertung aufgrund der Durchschnittsmethode zur Anwendung. Anfangsbestand und Zukäufe haben Anschaffungskosten von insgesamt 39.432,— DM. Bei 1.900 Mengeneinheiten entspricht das einem Durchschnittspreis von

$$\frac{39.432 \text{ DM}}{1.900} = 20{,}75 \text{ DM pro Mengeneinheit.}$$

Der rechnerische Endbestand stellt sich bei diesem Durchschnittspreis auf

600 Mengeneinheiten à 20,75 DM = 12.450 DM.

Auch hier verlangt das strenge Niederstwertprinzip einen Bilanzansatz von

600 Mengeneinheiten à 19,20 DM = 11.520,— DM.

Somit ergeben sich folgende Wertansätze für die Vorräte des dargestellten Beispiels:

Methode	Bilanzansatz
Lifo-Methode	11.480 DM
Fifo-Methode	11.520 DM
Hifo-Methode	11.120 DM
Durchschnittsmethode	11.520 DM

3.3 Bilanzierung und Bewertung von Eigenkapital

Eigenkapital ist das vom Unternehmer (Einzelunternehmung) oder den Gesellschaftern (Personen-, Kapitalgesellschaft) angelegte Beteiligungskapital. In der Bilanz ergibt es sich als Differenz zwischen Vermögen und Schulden. Es dient der Eigenfinanzierung und der Haftung für aufgenommenes Fremdkapital. Das wirkliche Eigenkapital ist das ausgewiesene Eigenkapital vermehrt um die in Aktiva und Passiva möglicherweise enthaltenen stillen Reserven.

Zum Eigenkapital gehören auch aufgedeckte stille Reserven, wie die Rücklage für Ersatzbeschaffung und die Rücklage nach § 6b EStG.

3.3.1 Bilanzierung und Bewertung steuerfreier Rücklagen

Ein Gewerbetreibender hatte am 1. September 1979 eine Maschine für seinen Fertigungsbetrieb angeschafft. Die Anschaffungskosten beliefen sich auf 120.000 DM. Die betriebsgewöhnliche Nutzungsdauer ist mit 10 Jahren anzusetzen. Bei linearer Absetzung für Abnutzung und Bemessung der AfA im Jahr der Anschaffung für ein halbes Jahr wird die Maschine am 31. Dezember 1979 mit 114.000 DM bilanziert. Am 2. Juni

1980 wird diese Maschine durch höhere Gewalt (Brand) zerstört. Die Versicherung begutachtet den Schaden und überweist dem Gewerbetreibenden Ende August 1980 einen Betrag von 128.000 DM, der zur Finanzierung eines Ersatzwirtschaftsgutes bestimmt ist. Das Ersatzwirtschaftsgut wird Anfang 1981 angeschafft.

Wie ist dieser Schadensfall mit der Versicherungsleistung buchhalterisch und bilanziell zu behandeln? Was folgt aus diesem Vorgang im Hinblick auf das Eigenkapital in der Bilanz der Unternehmung?

Wenn ein Wirtschaftsgut des Anlagevermögens durch höhere Gewalt, also gegen den Willen des Unternehmers, aus dem Betrieb ausscheidet und durch die Versicherungszahlung stille Reserven dieses Wirtschaftsgutes aufgedeckt werden, kann wie folgt verfahren werden:

1. Schritt: Zunächst ist der Buchwert des ausgeschiedenen Wirtschaftsgutes zum Ende des Monats, der dem schädigenden Ereignis vorausgeht, zu ermitteln, im dargestellten Beispiel der Buchwert zum 31. Mai 1980. Bei einer Jahres-AfA von 12.000 DM entfallen 5.000 DM auf den Zeitraum Januar bis Mai 1980. Der Buchwert der zerstörten Maschine stellt sich somit auf 109.000 DM auf den 31. Mai 1980.

2. Schritt: Die Versicherungszahlung in Höhe von 128.000 DM ist als Bankeingang zu buchen. Die Gegenbuchung erfolgt mit 109.000 DM auf Maschinenkonto, das dadurch glattgestellt ist. Der restliche Betrag von 128.000 DM abzüglich 109.000 DM = 19.000 DM ist die bei der Maschine aufgedeckte stille Reserve, d.h. sie ist nunmehr eine »offene« Reserve. Nach Abschnitt 35 Einkommensteuer-Richtlinien braucht der Gewerbetreibende diesen Betrag nicht als a.o. Ertrag zu versteuern. Er kann ihn auf ein Sonderkonto »steuerfreie Rücklage für Ersatzbeschaffung« buchen. Beim Jahresabschluß wird das Konto als ein besonderes Eigenkapitalkonto in die Schlußbilanz übernommen. Es handelt sich um unversteuertes Eigenkapital. Um diesen Betrag auch künftig nicht der Besteuerung unterwerfen zu müssen (das geschähe bei Auflösung dieser Rücklage über a.o. Erträge), hat der Unternehmer den von der Versicherung erhaltenen Betrag für die Finanzierung eines Ersatzwirtschaftsgutes zu verwenden; daher die Bezeichnung der aufgedeckten Rücklage als »steuerfreie Rücklage für Ersatzbeschaffung«. Die steuerfreie Rücklage wird auf das Ersatzwirtschaftsgut übertragen. Dadurch wird aus der »offenen Rücklage« wieder eine »stille Reserve«; denn das Ersatzwirtschaftsgut wird mit den um die Rücklage verminderten Anschaffungskosten aktiviert. Das zeigt der nächste Schritt.

3. Schritt: Anfang des Wirtschaftsjahres 1981 erwirbt der Unternehmer ein Ersatzwirtschaftsgut, das im Betrieb die Aufgaben des durch Brand zerstörten Anlagegutes (Maschine) wahrnehmen soll. Die Anschaffungskosten dieses Ersatzwirtschaftsgutes belaufen sich auf 130.000 DM. Dieses neue Wirtschaftsgut ist zu bilanzieren mit:

Anschaffungskosten	130.000 DM
./. steuerfreie Rücklage für Ersatzbeschaffung	19.000 DM
fiktive Anschaffungskosten	111.000 DM

Die künftige Absetzung für Abnutzung ist von den fiktiven Anschaffungskosten in Höhe von 111.000 DM zu bemessen, nicht von den tatsächlichen Anschaffungskosten in Höhe von 130.000 DM. Der vollständige Buchungssatz für die Aktivierung des Ersatzwirtschaftsgutes bei Übertragung der steuerfreien Rücklage für Ersatzbeschaffung lautet:

Per steuerfreie Rücklage für		
Ersatzbeschaffung	19.000 DM	
per Maschine	111.000 DM	
per Vorsteuer	16.900 DM	
an Bank		146.900 DM.

Bei Anschaffungskosten von 130.000 DM wird die gesamte Versicherungszahlung von 128.000 DM für die Finanzierung des Ersatzwirtschaftsgutes verwendet. Aus dem Grunde darf auch die gesamte steuerfreie Rücklage für Ersatzbeschaffung auf das neue Wirtschaftsgut übertragen werden. Soweit jedoch die Anschaffungskosten des neuen Wirtschaftsgutes unter der Versicherungszahlung liegen, darf die steuerfreie Rücklage auch nur anteilig auf das Ersatzwirtschaftsgut übertragen werden. Werden für das neue Wirtschaftsgut keine 130.000 DM aufgewendet, sondern lediglich 96.000 DM (= 75% von 128.000 DM), dürfen entsprechend nur 75% der steuerfreien Rücklage (75% von 19.000 DM = 14.250 DM) in das neue Wirtschaftsgut eingehen. Die verbleibenden 25% = 4.750 DM sind über a.o. Erträge aufzulösen und damit der Besteuerung zuzuführen.

Buchungssatz bei einer Ersatzinvestition für 96.000 DM + 13% Vorsteuer:

Per	steuerfreie Rücklagen für Ersatzbeschaffung	19.000 DM	
per	Maschine (96.000 DM ./. 14.250 DM)	81.750 DM	
per	Vorsteuer	12.480 DM	
an	Bank		108.480 DM
an	a.o. Erträge		4.750 DM.

Abschnitt 35 Einkommensteuer-Richtlinien gibt nähere Hinweise zur Frage, was im Einzelfall als Ersatzwirtschaftsgut anzusehen ist, welche Anforderungen an ein Wirtschaftsgut als Ersatzwirtschaftsgut gestellt werden und innerhalb welcher Zeitspanne die steuerfreie Rücklage für Ersatzbeschaffung übertragen oder gewinn- und damit steuererhöhend aufgelöst werden muß.

Auch bei der Rücklage gem. § 6b EStG handelt es sich um Eigenkapital besonderer Art, das durch Aufdeckung stiller Reserven entstanden und hinsichtlich Zeit und Art der damit zu finanzierenden Investition festgelegt ist.

Der Unterschied dieser Rücklage zur steuerfreien Rücklage für Ersatzbeschaffung liegt in folgenden Punkten: Der 6b-Rücklage liegt eine freiwillige Veräußerung bestimmter, abschließend in § 6b EStG aufgeführter Anlagegüter zugrunde (Grund und Boden, Gebäude, abnutzbare bewegliche Anlagegüter mit einer betriebsgewöhnlichen Nutzungsdauer von mindestens 25 Jahren, Schiffe, Anteile an Kapitalgesellschaften). Wenn eines dieser veräußerten Wirtschaftsgüter im Zeitpunkt der Veräußerung mindestens sechs Jahre ununterbrochen zum Anlagevermögen einer inländischen Betriebsstätte gehörte, braucht der Veräußerungsgewinn (Erlös abzüglich Buchwert) nicht versteuert zu werden. Nach § 6b EStG ist es zulässig, den Veräußerungsgewinn als 6b-Rücklage, also als besonderen Eigenkapitalposten, zu bilanzieren und auf ein neues Wirtschaftsgut zu übertragen — entsprechend der Übertragung der »steuerfreien Rücklage für Ersatzbeschaffung«. Dabei ist im einzelnen in § 6b EStG geregelt, auf welche Investitionen die 6b-Rücklage übertragen werden darf, zum Beispiel auf Grund und Boden, soweit der Gewinn bei der Veräußerung von Grund und Boden entstanden ist.

3.3.2 Bewertung von Privateinlagen

Durch Privateinlagen wird das Eigenkapital der Unternehmung gestärkt. Soweit diese Einlagen nicht in Geld erfolgen, sind sie nach § 6 Abs. 1 Ziffer 5 EStG mit dem Teilwert für den Zeitpunkt der Zuführung anzusetzen. Sie sind jedoch höchstens mit den Anschaffungs- oder Herstellungskosten anzusetzen, wenn das Wirtschaftsgut

a) innerhalb der letzten drei Jahre vor dem Zeitpunkt der Zuführung angeschafft oder hergestellt worden ist oder

b) ein Anteil an einer Kapitalgesellschaft ist und der Gesellschafter zu mehr als 25%, d.h. wesentlich, beteiligt ist.

Beispiel:

Ein Gewerbetreibender legt am 25. Mai 1981 Aktien der X-AG, der Y-AG sowie der Z-AG jeweils im Nennwert von 10.000 DM in seinen Betrieb ein:

	X-AG	Y-AG	Z-AG
Tag der Anschaffung	2.3.1976	4.1.79	2.9.80
Anschaffungskurs	210%	183%	170%
Kurs am Tag der Einlage	260%	160%	190%
Die Privateinlage ist zu bewerten mit	260%	160%	170%
also in DM	26.000 DM	16.000 DM	17.000 DM

Ist die Einlage ein abnutzbares Wirtschaftsgut, so sind die Anschaffungs- oder Herstellungskosten um Absetzungen für Abnutzungen zu kürzen, die auf den Zeitraum zwischen der Anschaffung oder Herstellung des Wirtschaftsgutes und der Einlage entfallen. Ist die Einlage ein Wirtschaftsgut, das von der Zuführung aus einem Betriebsvermögen des Steuerpflichtigen entnommen worden ist, so tritt an die Stelle der Anschaffungs- oder Herstellungskosten der Wert, mit dem die Entnahme angesetzt worden ist, und an die Stelle des Zeitpunkts der Anschaffung oder Herstellung der Zeitpunkt der Entnahme.

Zur Erhöhung des Eigenkapitals der Unternehmung darf nicht jedes Gut in das Betriebsvermögen eingelegt werden. Das ergibt sich aus den Grundsätzen der Abgrenzung von Betriebs- und Privatvermögen. Was seiner Zweckbestimmung nach direkt den persönlichen Bedürfnissen des Unternehmers bzw. seiner Angehörigen dient und demnach zum notwendigen Privatvermögen gehört, darf nicht als Privateinlage behandelt werden. Bei Sacheinlagen muß das dem Betrieb zugeführte Gut aus seiner Art heraus einen gewissen objektiven wirtschaftlichen Zusammenhang mit dem Betrieb ermöglichen.

3.3.3 Bewertung von Privatentnahmen

Nach § 4 Abs. 1 Satz 2 EStG sind Privatentnahmen »alle Wirtschaftsgüter (Barentnahmen, Waren, Erzeugnisse, Nutzungen und Leistungen), die der Steuerpflichtige dem Betrieb für sich, seinen Haushalt oder für andere betriebsfremde Zwecke im Laufe des Wirtschaftsjahres entnommen hat«. Privatentnahmen verringern das in der Unternehmung arbeitende Eigenkapital. Ein Wirtschaftsgut, das zum notwendigen Betriebsvermögen der Unternehmung gehört, kann grundsätzlich nicht Gegenstand einer Entnahmehandlung sein, es sei denn, die Verbindung dieses Gutes zur Unternehmung werde gelöst. Wirtschaftgüter des gewillkürten Betriebsvermögens dagegen können jederzeit dem Betrieb entnommen werden. Nach § 6 Abs. 1 Nr. 1 Satz 1 EStG sind Privatentnahmen mit dem Teilwert anzusetzen, also mit dem Betrag, den ein Erwerber des ganzen Betriebes im Rahmen des Gesamtkaufpreises für das einzelne Wirtschaftsgut ansetzen würde; dabei ist davon auszugehen, daß der Erwerber den Betrieb fortführt.

Beispiel:

Ein Gewerbetreibender bilanziert einen sechs Jahre alten PKW mit dem Erinnerungswert von 1 DM. Der Sohn des Unternehmers, der seine Ausbildung in einer anderen Stadt aufnehmen will, erhält diesen PKW als Geschenk zur eigenen privaten Nutzung. Es wäre unzulässig, diese Entnahmehandlung mit dem Erinnerungswert von 1 DM zu buchen. Das entnommene Wirtschaftsgut ist mit dem Teilwert zu bewerten. Die Liste für Gebrauchtfahrzeuge weist diesen Wagentyp unter Berücksichtigung des Alters und des km-Standes mit 1.000 DM aus.

Es ist zu buchen:

Per	Privatentnahme (1.000 DM + 13% Umsatzsteuer auf Eigenverbrauch!)	1.130 DM	
an	PKW		1 DM
an	a.o. Ertrag		999 DM
an	Umsatzsteuer		130 DM.

An diesem Beispiel mag deutlich werden, wie gegensätzlich die Interessenlage des Unternehmers ist, wenn der Teilwert zum einen bei einer Entnahme, zum anderen bei einer Privateinlage zu schätzen ist. Bei der Entnahme ist ein gering geschätzter Teilwert für den Unternehmer günstiger; denn jede zusätzliche DM Teilwert erhöht die Bemessungsgrundlage für die Umsatzsteuer auf Eigenverbrauch und den a.o. Ertrag als Grundlage ertrags- und einkommensbezogener Steuern (Gewerbesteuer nach dem Gewerbeertrag, Einkommensteuer).

Soweit sich die Privateinlage auf abnutzbare Wirtschaftsgüter des Anlagevermögens bezieht, erhöht jede zusätzliche DM Teilwert die Bemessungsgrundlage für die Absetzung für Abnutzung und trägt damit zur Gewinnminderung und Steuerreduzierung bei. Bei finanzamtlichen Betriebsprüfungen zeigt sich die dem Unternehmer genau entgegengesetzte Auffassung hinsichtlich der Schätzung des Teilwertes entnommener und eingelegter Sachgüter.

3.4 Bilanzierung und Bewertung von Fremdkapital

3.4.1 Allgemeine Bewertungsgrundsätze für das Fremdkapital

Verbindlichkeiten sind nach § 6 Abs. 1 Nr. 1 EStG unter sinngemäßer Anwendung des § 6 Abs. 1 Nr. 2 EStG anzusetzen. Danach sind Verbindlichkeiten mit den Anschaffungskosten oder ihrem höheren Teilwert zu bewerten. »Die Anschaffungskosten für eine Schuld entsprechen regelmäßig dem Nennbetrag bei ihrer Begründung, bei Währungsverbindlichkeiten dem Betrag, der sich bei Anwendung des Umrechnungskurses der fremden Währung am Tag der Begründung der Schuld auf den Nennwert in ausländischer Währung ergibt. Zu beachten ist aber, daß der Ausweis mit dem niedrigeren Teilwert auf der Aktivseite für die Bewertung der Schulden im übertragenen Sinne anzuwenden ist und demgemäß eine Aufstockung des Schuldbetrages bedeutet. Der Ansatz des niedrigeren Teilwertes auf der Aktivseite und der Ansatz des höheren Teilwertes bei den Schulden verfolgen denselben Zweck, den Ausweis eines nicht realisierten Verlustes und damit eines niedrigeren Betriebsvermögens. Das wird aber nicht durch ein Herabsetzen, sondern durch ein Heraufsetzen des Wertansatzes für die Schuld erreicht. Das Heraufgehen auf einen höheren Wertansatz kommt insbesondere in Betracht, wenn eine Verbindlichkeit in fremder Währung besteht und durch Aufwertung der fremden oder Abwertung der eigenen Währung ein Währungsverlust eintritt. Dagegen ist es unzulässig, Währungsgewinne auszuweisen, die sich durch eine Aufwertung der eigenen oder eine Abwertung der fremden Währung ergeben. In diesem Fall, in dem sich der Wertansatz für die Währungsverbindlichkeit vermindern würde, ist der ursprüngliche höhere Wertansatz für die Schuld vom Tage der Begründung der Schuld beizubehalten.«[1])

Diese steuerlichen Bewertungsregelungen für Verbindlichkeiten decken sich mit § 156 Abs. 2 AktG, demzufolge eine Verbindlichkeit mit ihrem Rückzahlungsbetrag anzusetzen ist; denn eine Verbindlichkeit ist im Regelfall mit ihrem Nennwert zu tilgen.

3.4.2 Bilanzierung und Bewertung einzelner Verbindlichkeiten

Nach den Bewertungsgrundsätzen für Verbindlichkeiten sind solche in fremder Währung auch dann mit dem Kurswert anzusetzen, der im Zeitpunkt der Kreditaufnahme bestand, wenn inzwischen der Kurs der ausländischen Währung gesunken ist. Nicht realisierte Gewinne dürfen nicht ausgewiesen werden. Erst mit der Tilgung der Verbindlichkeiten

1) Ernst Maas, Steuerliche Bilanzierungs- und Bewertungsgrundsätze, in: Schöning-Lembcke, Handbuch der Bilanzierung, Buchführung und Kostenrechnung, a.a.O. Seite 89.

zum niedrigeren Kurs würde ein Gewinn realisiert. Steigt der Kurs der ausländischen Währung, müssen Gewerbetreibende mit doppelter Buchführung den höheren Teilwert der Schuld ansetzen, d.h., nicht realisierte Verluste sind zwingend auszuweisen (Höchstwertprinzip oder umgekehrtes Niederstwertprinzip).

Beispiel:

1978 wurde ein Darlehen über 100.000 engl. Pfund bei einem Kurs von 3,90 aufgenommen. Es sei folgende Kursentwicklung angenommen:

Bilanzstichtag	angenommener Kurs
31.12.1978	3,85
31.12.1979	4,10
31.12.1980	4,60

Die Fremdwährungsverbindlichkeit ist zu passivieren

bei Kreditaufnahme	mit 390.000 DM,
am 31.12.1978	mit 390.000 DM,
am 31.12.1979	mit 410.000 DM,
am 31.12.1980	mit 460.000 DM.

Sollte der Kurs an den folgenden Bilanzstichtagen gefallen und das Darlehen noch nicht getilgt worden sein, kann zum entsprechend niedrigeren Kurs gewertet werden; der Wertansatz von 390.000 DM darf dabei in keinem Fall unterschritten werden. Darlehensschulden, bei denen der dem Schuldner zugeflossene Betrag (Ausgabebetrag) niedriger ist als der Rückzahlungsbetrag, sind mit dem Rückzahlungsbetrag anzusetzen. Der Unterschiedsbetrag (Disagio, Damnum) ist als aktiver Rechnungsabgrenzungsposten zu aktivieren und auf die Laufzeit des Darlehens zu verteilen.

Beispiel:

Aufnahme eines Darlehens über 100.000 DM mit zehnjähriger Laufzeit am 1. Juli 1980. Dieses Darlehen wird mit 94% ausgezahlt.

Zu buchen ist:

Per	Bank	94.000 DM	
per	aktive RAP	6.000 DM	
an	Darlehensschuld		100.000 DM.

Bei gleichmäßiger Verteilung der aktiven Rechnungsabgrenzung auf die Laufzeit von 10 Jahren sind jährlich 600 DM (für das 2. Halbjahr 1980 300 DM) von den RAP auf das Konto »Zinsaufwendungen« umzubuchen; denn das Disagio ist wirtschaftlich ein vorausgezahlter Zinsbetrag. In dem dargestellten Beispiel ist die aktive Rechnungsabgrenzung am 31. Dezember 1980 mit 5.700 DM zu bilanzieren.

Werden Schulden erlassen, führt das zu einer entsprechenden Minderung des Passivpostens und einer Gewinnerhöhung. Durch einen Schulderlaß wird aus Fremdkapital Eigenkapital. Diese Erhöhungen des Betriebsvermögens, die dadurch entstehen, daß Schulden zum Zwecke der Sanierung ganz oder teilweise erlassen werden, bleiben nach § 3 Nr. 66 EStG steuerfrei.

3.4.3 Bilanzierung und Bewertung von Rückstellungen

Rückstellungen sind Schuldverpflichtungen, die am Bilanzstichtag dem Grund nach bekannt sind, deren genaue Höhe und Zahlungstermin aber noch ungewiß sind. Rückstellungen werden gebildet für zu erwartende Steuernachzahlungen (vgl. die Gewerbesteuer-Rückstellung bei der Firma Dorn & Co KG), Gewährleistungsansprüche, Prozeßkosten bei einem schwebenden, unsicheren Verfahren, Schadenersatzverpflichtungen, Pensionsverpflichtungen u.a. Nach § 151, 1 Ziff. IV AktG sind Rückstellungen getrennt in Pensionsrückstellungen und andere zu passivieren. Rückstellungen sind nur in Höhe des Betrages anzusetzen, der nach vernünftiger kaufmännischer Beurteilung notwendig ist (§ 156 Abs. 4 AktG). Betriebswirtschaftlich gesehen sind Rückstellungen Aufwendungen, die später zu Ausgaben oder zu Leistungen führen. Rückstellungen sind gewinnerhöhend aufzulösen, wenn nach dem Bilanzstichtag, aber vor dem Tag der Bilanzaufstellung Umstände bekanntwerden, aus denen sich ergibt, daß mit einer Inanspruchnahme nicht mehr zu rechnen ist. Steuerrechtlich sind Rückstellungen nur zulässig, wenn der Unternehmer am Bilanzstichtag ernsthaft mit einer künftigen Belastung rechnen muß und die die Belastung begründenden Tatsachen schon am Bilanzstichtag vorhanden sind. Sie sind auf keinen Fall zulässig, wenn am Bilanzstichtag die Ungewißheit über die tatsächliche Inanspruchnahme so groß ist, daß höchstens eine freiwillige Zahlung angenommen werden kann.

Für Garantieverpflichtungen, Garantiezusagen und Garantieleistungen aus Kulanzgründen sind Rückstellungen am Ende eines Wirtschaftsjahres unter Berücksichtigung der Erfahrungen in der Vergangenheit jeweils neu zu berechnen. Der Unternehmer kann das Risiko künftiger Erlösschmälerungen einzeln oder pauschal oder gar nicht bewerten. Es muß jedoch immer auf die Leistungen, die noch unter Garantie stehen, bezogen werden. Rückstellungen wegen Garantieverpflichtungen, die durch Lieferung mangelfreier Sachen zu erfüllen sind, sind mit dem Betrag anzusetzen, den der Unternehmer voraussichtlich aufwenden muß, um seine Nachlieferungspflichten zu erfüllen.

Zur Höhe der Garantie-Rückstellungen in verschiedenen Gewerbezweigen wurden von der Finanzverwaltung folgende Erfahrungssätze und Pauschalsätze aufgestellt: [1)]

1) Die umfassende Liste ist u.a. abgedruckt in: Neue Wirtschafts-Briefe, Herne (Westf.), Fach 3c, Seite 2459 und 2460.

Branche	Rückstellungsbetrag
Autohandelsvertretung	80 DM je gelieferten Wagen bis zu 6 Monaten nach der Lieferung
Baugewerbe, Hoch- und Tiefbau	von 0,5% bis 2% des Sollumsatzes eines Jahres
Brückenbau	1% der Garantiesumme
Büromaschinenhandel	5% vom Verkaufserlös der Maschinen (u.a. Farbbänder ausgenommen), für die am Bilanzstichtag noch Garantieverpflichtungen vorliegen; Höhe der Rückstellungen im Verhältnis zum Gesamtumsatz an Büromaschinen rd. 3%.
Dachdecker	1% des Sollumsatzes zweier Jahre
Fahrradeinzelhandel	0,5% des garantiepflichtigen Umsatzes eines Jahres
Fliesenleger	bis 1% des garantiepflichtigen Umsatzes eines Jahres
Malergewerbe	1% des Umsatzes
Möbelfabrikation	bis 2% der Warenausgänge der letzten sechs Monate
Möbeleinzelhandel	von 1,5% eines Vierteljahresumsatzes bis 1% eines Halbjahresumsatzes
Rundfunkgroßhandel (Werksvertretung)	0,5% der vermittelten Geschäfte eines Jahres
Schweißkonstruktionen und Schweißreparaturen	3% der Forderungen

Stahlbaumöbelbau	1% des Sollumsatzes eines Jahres
Stahlwarenvertrieb	0,1% des Sollumsatzes eines Jahres
Straßenbau	1 bis 2% des garantieverpflichteten Sollumsatzes zweier Jahre
Stukkateure	bis 1,5% des garantieverpflichteten Sollumsatzes eines Jahres
Zentralheizungsbau	1 bis 1,5% des Sollumsatzes zweier Jahre
Ziegeleibetriebe	für Dachziegel 1,5 bis 2% des Dachziegelumsatzes, für Mauerziegel 0,3 bis 0,5% des Mauerziegelumsatzes, für Spezialmauersteine 0,5 bis 1% des Spezialmauersteinumsatzes.

Nach § 6a EStG können Pensionsrückstellungen gebildet werden, wenn eine rechtsverbindliche Pensionsverpflichtung vorliegt, die dem Pensionsberechtigten einen Rechtsanspruch auf einmalige oder laufende Pensionsleistungen gewährt. Die Pensionszusage muß schriftlich erteilt werden. Die Möglichkeiten des Widerrufs einer solchen Zusage sind eingeschränkt; sie darf keinen Vorbehalt enthalten, wonach die Pensionsanwartschaft oder die Pensionsleistung gemindert oder entzogen werden kann. Eine Pensionsrückstellung darf erstmals gebildet werden vor Eintritt des Versorgungsfalls für das Wirtschaftsjahr, in dem die Pensionszusage erteilt wird. Sie darf allerdings frühestens für das Wirtschaftsjahr gebildet werden, bis zu dessen Mitte der Pensionsberechtigte das 30. Lebensjahr vollendet hat. Sollte der Versorgungsfall eintreten, so kann, soweit noch keine Rückstellung gebildet worden ist, sofort eine Pensionsrückstellung gebildet werden, und zwar auch in den Fällen, in denen der Eintritt des Versorgungsfalls vor dem vollendeten 30. Lebensjahr des Arbeitnehmers erfolgt.

Der Unternehmer hat grundsätzlich ein Wahlrecht zwischen der Passivierung einer Pensionsrückstellung und der gewinnmindernden Zahlung von Versorgungsbezügen.

Die Berechnung einer Pensionsrückstellung erfolgt nach versicherungsmathematischen Methoden bei einem Rechnungszinsfuß von 5,5%.

Pensionsrückstellungen können auch für die Versorgungsansprüche des mitarbeitenden Ehegatten des Unternehmers gebildet werden, wenn

— ein ernstgemeintes Arbeitsverhältnis zwischen den Ehegatten vorliegt,

— eine ernsthaft gewollte Pensionsverpflichtung besteht und

— ein hohes Maß an Wahrscheinlichkeit dafür spricht, daß der Unternehmer eine Pensionszusage gleichen Inhalts auch einem fremden Arbeitnehmer erteilt hätte.

An den Nachweis des Bestehens, des Inhalts und des Umfangs einer solchen Verpflichtung werden strenge Anforderungen gestellt.

Das folgende Schema zeigt die bilanzmäßige Auswirkung einer Rückstellung:

1. Fall: Bilanz ohne Rückstellung

Aktiva	**Bilanz am 31.12.1981**	**Passiva**
	Gewinn	100.000

2. Fall: Bilanz mit Rückstellung

Aktiva	Bilanz am 31.12.198.	Passiva
	Rückstellung	40.000
	Gewinn	60.000

Die Erhöhung einer Rückstellung gegenüber dem Rückstellungsbetrag in der Schlußbilanz des vorangegangenen Wirtschaftsjahres (= Eröffnungsbilanz dieses Wirtschaftsjahres) mindert den Gewinn, die Herabsetzung erhöht ihn. Wurde in der Schlußbilanz eines Wirtschaftsjahres eine Rückstellung beispielsweise für Gewerbesteuer passiviert, wird die Gewerbesteuer-Nachzahlung gegen diese Rückstellung gebucht.

Beispiel:

In der Bilanz der Firma Dorn & Co KG auf den 31.12.1981 (vgl. Kapitel 2.3.2) wird eine Gewerbesteuer-Rückstellung in Höhe von 3.755 DM passiviert. Laut Gewerbesteuerbescheid 1981 vom 6. Juni 1982 ist eine Gewerbesteuer-Nachzahlung in Höhe von 3.755 DM zu leisten. Diese Banküberweisung ist zu buchen:

Per	Gewerbesteuer-Rückstellung	3.755 DM	
an	Bank		3.755 DM.

Weicht die zu leistende Steuernachzahlung vom zurückgestellten Betrag ab —
Beispiel: Gewerbesteuer-Nachzahlung 1981 lt. Steuerbescheid 1981 vom 6. Juni 1982 3.800 DM —,
wird der Mehrbetrag (hier: 45 DM) als »a.o. und periodenfremder Aufwand« gebucht:

Per	Gewerbesteuer-Rückstellung	3.755 DM	
per	a.o. und per. fr. Aufwand	45 DM	
an	Bank		3.800 DM.

Eine gegenüber dem zurückgestellten Betrag zu leistende Wenigerzahlung (Beispiel: Steuernachzahlung 3.700 DM) ergäbe einen »a.o. und periodenfremden Ertrag«;

Buchung:

Per	Gewerbesteuer-Rückstellung	3.755 DM	
an	Bank		3.700 DM
an	a.o. und per. fr. Ertrag		55 DM.

Wurde in der Bilanz auf den 31. Dezember 1981 eine Gewerbesteuer-Rückstellung in Höhe von 3.755 DM gebildet und wird der Gewerbesteuerbescheid 1981 erst nach dem nächsten Bilanzstichtag (31. Dezember 1982), aber vor Aufstellung der Bilanz auf den 31. Dezember 1982 zugestellt, ist

— der zurückgestellte Betrag an den tatsächlichen Steuernachzahlungsbetrag lt. Steuerbescheid anzupassen und

— dieser angepaßte Betrag als sonstige Verbindlichkeiten und nicht mehr als Rückstellung zu passivieren; die Nachzahlungsverpflichtung ist nunmehr hinsichtlich des Betrages und des Zeitpunktes ihrer Fälligkeit bekannt und somit keine Rückstellung mehr.

3.5 Bilanzierung und Bewertung von Rechnungsabgrenzungsposten

Die Unterteilung der Gesamtlebensdauer der Unternehmung in Wirtschaftsjahre hat zur Folge, daß beispielsweise im alten Wirtschaftsjahr geleistete oder empfangene Zahlungen erst den Aufwand oder den Ertrag des kommenden Wirtschaftsjahres betreffen. Um den Erfolg des einzelnen Wirtschaftsjahres richtig auszuweisen, werden Posten der Rechnungsabgrenzung (RAP) gebildet. Sie grenzen die »alte Rechnung« von der neuen ab.

Dabei sind zwei Fälle denkbar, eine »aktive« und eine »passive« Rechnungsabgrenzung.

Hierzu jeweils ein Beispiel:

Beispiel für eine aktive RAP:

Am 1. Dezember 1980 wird die PKW-Versicherung (Geschäftswagen) von 600 DM für die folgenden zwölf Monate im voraus gezahlt. Die Unternehmung zahlt also im alten Jahr Aufwand für das alte (Monat Dezember 1980) und für das neue Jahr (Januar bis November 1981). Von dem Betrag von 600 DM entfallen 550 DM auf den Versicherungsschutz des neuen Wirtschaftsjahres. Dieser Betrag darf den Gewinn des Wirtschaftsjahres, in dem die Zahlung geleistet wird, nicht belasten und wird in der Bilanz auf den 31. Dezember 1980 aktiv abgegrenzt.

Buchung am 1.12.1980 bei Zahlung:

Per	Kfz-Kosten (Vers. Dezember 1980)	50 DM	
per	aktive RAP (Vers. Jan.-Nov. 1981)	550 DM	
an	Bank		600 DM.

Sollte, was in der Praxis häufig vorkommt, der gesamte Betrag von 600 DM am 1.12.1980 über Kfz-Kosten gebucht worden sein, wären im Rahmen der vorbereitenden Abschlußbuchungen auf den 31.12.1980 zu buchen:

Per	aktive RAP	550 DM	
an	Kfz-Kosten		550 DM.

Die Gewinnauswirkung wäre dieselbe wie beim ersten Buchungssatz. Unter der Annahme, daß der Gewinn ohne Buchung der aktiven RAP 100.000 DM beträgt, erhöht die Buchung der aktiven Rechnungsabgrenzung den Gewinn um 550 DM auf 100.550 DM; denn die im Dezember 1980 für Januar bis November 1981 im voraus geleistete Versicherungsprämie darf den Gewinn des alten Wirtschaftsjahres nicht schmälern.

Ohne Berücksichtigung der aktiven Rechnungsabgrenzung zeigt die Bilanz auf den 31.12.1980 folgenden vorläufigen Gewinn:

Aktiva	vorläufige Bilanz auf den 31.12.1980	Passiva
	vorläufiger Gewinn	100.000

Die aktive Rechnungsabgrenzung verändert das Bilanzbild wie folgt:

Aktiva		Bilanz auf den 31.12.1980	Passiva
aktive RAP	550	Gewinn	100.550

Was geschieht mit diesem Bilanzposten »aktive Rechnungsabgrenzung« im kommenden Wirtschaftsjahr? Durch die Buchung

Per	Kfz-Kosten	550 DM	
an	aktive RAP		550 DM

wird der Posten der aktiven Rechnungsabgrenzung zu Lasten des Gewinns 1981 aufgelöst. Auflösung der alten RAP (1.1.1981) und Bildung der neuen RAP (31.12.1981) erfolgen in der Buchhaltungspraxis im allgemeinen als vorbereitende Abschlußbuchung im Zusammenhang mit der Aufstellung des Jahresabschlusses, hier auf den 31.12.81.

Beispiel für eine passive RAP:

Am 1. November 1980 erhält die Unternehmung 4.500 DM Miete für die Monate November 1980 bis Januar 1981. Es wird eine Zahlung an die Unternehmung im alten Jahr für Erträge des kommenden Jahres — hier für Januar 1981 — geleistet. Dieser Januar 1981 betreffende Betrag ist auf den 31. Dezember 1980 passiv abzugrenzen.

Buchung am 1. November 1980:

Per	Bank	4.500 DM	
an	Mieterträge (Nov. und Dez. 80)		3.000 DM
an	passive RAP (Januar 1981)		1.500 DM.

Sollte der gesamte Betrag von 4.500 DM bei Geldeingang auf das Konto »Mieterträge« gebucht worden sein, hieße die Buchung im Rahmen der vorbereitenden Abschlußbuchungen auf den 31.12.80:

Per	Mieterträge	1.500 DM	
an	passive RAP		1.500 DM.

Auswirkung auf das Bilanzbild:

Aktiva vorläufige Bilanz auf den 31.12.1980 Passiva

Aktiva	Passiva	
	vorläufiger Gewinn	100.000

Bilanzbild mit passiver Rechnungsabgrenzung:

Aktiva Bilanz auf den 31.12.1980 Passiva

Aktiva	Passiva	
	passive RAP	1.500
	Gewinn	98.500

Die Auflösung der passiven Rechnungsabgrenzung

Buchung:	Per	passive RAP	1.500 DM	
	an	Mieterträge		1.500 DM

erhöht den Gewinn des neuen Wirtschaftsjahres.

Auch für die passive Rechnungsabgrenzung gilt, was für Bildung und Auflösung der aktiven RAP gesagt wurde: Auflösung der alten (1.1.1981) und Bildung neuer passiver RAP (31.12.1981) erfolgen in der Praxis des Rechnungswesens im allgemeinen als vorbereitende Abschlußbuchungen im Zusammenhang mit der Aufstellung des Jahresabschlusses, hier auf den 31.12.1981.

Posten der Rechnungsabgrenzung dürfen nur gebildet werden, wenn die Zahlung (aktive RAP) bzw. der Geldempfang (passive RAP) im alten Wirtschaftsjahr erfolgen. Wird die Zahlung im folgenden Jahr geleistet oder empfangen für Aufwendungen oder Erträge dieses Wirtschaftsjahres, ist anstelle einer Rechnungsabgrenzung eine sonstige Forderung bzw. sonstige Verbindlichkeit zu bilden.

Beispiel:

Am 31. Dezember 1980 noch nicht abgeführte Lohnsteuer und Sozialversicherungsbeiträge (Arbeitnehmer- und Arbeitgeberanteil) für Dezember 1980 sind als sonstige Verbindlichkeiten zu passivieren. Die Zahlung im neuen Jahr wird gegen diesen Passivposten gebucht.

Beispiel:

Am 31. Dezember 1980 für November und Dezember 1980 von unserem Mieter noch nicht überwiesene Miete ist am 31. Dezember 1980 als sonstige Forderung zu aktivieren.

Buchungssatz:	Per	sonstige Forderungen	3.000 DM	
	an	Mieterträge		3.000 DM.

Auch hier wird der Geldempfang im neuen Jahr gegen die sonstige Forderung gebucht:

Per	Bank	3.000 DM	
an	sonstige Forderung		3.000 DM.

Die Bilanzierung der sonstigen Forderungen und der sonstigen Verbindlichkeiten erfüllen denselben Zweck wie die Posten der aktiven und passiven Rechnungsabgrenzung, nämlich sachgerechte Zuordnung von Aufwands- und Ertragsposten zum jeweiligen Wirtschaftsjahr.

Die folgende Übersicht zeigt diesen Zusammenhang.

Vorgang	Zeitraum		zu bilanzieren als
	altes Wirtschaftsjahr	neues Wirtschaftsjahr	
1. Zahlung im alten Wj	Ausgabe	Aufwand	aktive RAP
2. Gelderhalt im alten Wj	Einnahme	Ertrag	passive RAP
3. Zahlung im neuen Wj	Aufwand	Ausgabe	sonstige Verbindlichkeit
4. Gelderhalt im neuen Wj	Ertrag	Einnahme	sonstige Forderung

Sie erinnern sich: Diese sachgerechte Gewinnermittlung wird nur von der doppelten Buchführung geleistet. Die einfache Buchführung orientiert sich grundsätzlich nur an den Zahlungsvorgängen.

3.6 Bilanzposten »unter dem Strich«

Bei Verbindlichkeiten stehen fest

— der Grund der Schuld, zum Beispiel Verbindlichkeiten aufgrund von Kaufverträgen, Darlehensverträgen, Steuergesetzen usw.,

— die Höhe und

— die Fälligkeit der Schuld.

Bei Rückstellungen stehen fest

— der Grund der Schuld, zum Beispiel die Verpflichtung zur Zahlung der Gewerbesteuer auf der Grundlage des Gewinns lt. Jahresabschluß (Gewerbeertrag) und des Einheitswertes des gewerblichen Betriebes (Gewerbekapital),

— nicht jedoch die genaue Höhe der Schuld. Sie wird erst durch die Steuerveranlagung festgesetzt. Vorher ist ungewiß, ob das Finanzamt den Gewinn des Jahresabschlusses der Veranlagung zugrunde legt oder evtl. Bilanz- und Bewertungsansätze verändert;

— unbekannt ist ferner der Zeitpunkt der Fälligkeit.

Bei Eventualverbindlichkeiten stehen fest

— im Regelfall der Betrag der möglichen Verpflichtung, zum Beispiel aufgrund eingegangener Bürgschaft oder bei weitergegebenen Wechseln,

— nicht dagegen, ob überhaupt eine Verpflichtung auf den Betrieb zukommt und

— wann das sein wird.

Verbindlichkeiten, Rückstellungen und Eventualverbindlichkeiten unterscheiden sich somit in wesentlichen Punkten:

Merkmal	Verbindlichkeit	Rückstellung	Eventualverbindl.
Grund der Schuld	bekannt	bekannt	unbekannt
Höhe der Schuld	bekannt	unbekannt	i.d.R. bekannt
Fälligkeit der Schuld	bekannt	unbekannt	unbekannt
Behandlung in der Bilanz	Passiv-	Passivposten posten	kein Passivposten, Bilanzierung »unter dem Strich«

Für Aktiengesellschaften ist in § 151 Abs. 5 AktG verbindlich vorgeschrieben, daß solche Eventualverbindlichkeiten in voller Höhe gesondert auszuweisen sind, was in der Bilanz meistens außerhalb der Bilanzsumme, d.h. »unter dem Strich«, geschieht. Dazu heißt es in dieser aktienrechtlichen Bestimmung:

»In der Jahresbilanz sind, sofern sie nicht auf der Passivseite auszuweisen sind, in voller Höhe gesondert zu vermerken

1. Verbindlichkeiten aus der Begebung und Übertragung von Wechseln;
2. Verbindlickeiten aus Bürgschaften, Wechsel- und Scheckbürgschaften;
3. Verbindlichkeiten aus Gewährleistungsverträgen;
4. Haftung aus der Bestellung von Sicherheiten für fremde Verbindlichkeiten.

Sie sind auch dann zu vermerken, wenn ihnen gleichwertige Rückgriffsforderungen gegenüberstehen ...«

Auch Unternehmungen anderer Rechtsformen als der einer Aktiengesellschaft weisen häufig solche Eventualverbindlichkeiten »unter dem Strich« aus, obwohl diese Verpflichtung für sie nicht besteht. Sie fördern auf diese Weise die Bilanzklarheit. Die außerhalb der Bilanzsumme vermerkten Eventualverbindlichkeiten »können durchaus eine Gefahr für die Unternehmung darstellen, insbesondere dann, wenn solche Bürgschaften und möglicherweise hohe Obligen aus weitergegebenen Wechseln ein Unternehmen in Zahlungsschwierigkeiten betreffen, bei dem ein Vergleich oder gar Konkursverfahren befürchtet werden muß. Sozusagen über Nacht können in solchem Fall ganz erhebliche Inanspruchnahmen auf das Unternehmen zukommen. Steht bei Eventualverpflichtungen die Inanspruchnahme mit einiger Wahrscheinlichkeit bereits fest, so muß der betreffende Posten ggf. unter die Rückstellungen aufgenommen werden.«[1)]

3.7 Gewinn- und Verlustrechnung

3.7.1 Brutto- und Nettoprinzip

Die Aussagefähigkeit der Gewinn- und Verlustrechnung ist weitgehend von der Zusammenfassung der Aufwendungen und Erträge zu Gruppen von Aufwands- und Ertragsarten abhängig. Eine Zusammenfassung aller Aufwendungen und aller Erträge einer Unternehmung zu jeweils einer Größe und der Saldierung zum Gewinn oder Verlust des Wirtschaftsjahres (Nettoprinzip) ermöglicht keinerlei Einblick in Art und Umfang der gewinn- bzw. verlustbeeinflussenden Faktoren.

---

1) Günther Hoffmann, Bilanzieren kein Problem, Rudolf Haufe Verlag, Freiburg i.Br., 4., durchgesehene und ergänzte Auflage, Seite 125.

Bei strenger Befolgung des Nettoprinzips hätte die Gewinn- und Verlustrechnung der Firma Dorn & Co KG für die Zeit vom 1.1. bis 31.12.1981 (vgl. Kapitel 2.3.4) folgendes Aussehen:

Gewinn- und Verlustrechnung 1.1.-31.12.1981
der Firma Dorn & Co KG, x-hausen

Aufwendungen	DM	Erträge	DM
Aufwendungen	1.837.086	Erträge	2.125.995
Gewinn 1981	288.909		
	2.125.995		2.125.995

Aber auch das Gegenteil, die Verabsolutierung des Bruttoprinzips, wäre wenig sinnvoll und nicht praktikabel, bedeutete das den Ausweis sämtlicher einzelner Aufwands- und Ertragsposten. Bei weitgehender Kontengliederung hätte das möglicherweise eine sich über viele Seiten erstreckende Gewinn- und Verlustrechnung zur Folge.

Die Lösung durch den Gesetzgeber ist ein Kompromiß zwischen Netto- und Bruttoprinzip. In der Praxis ist die Postenunterteilung des § 157 AktG auch für Nichtaktiengesellschaften Vorbild — mit einer vielfach praktizierten Unterteilung der Position § 157 (1) Nr. 26 »sonstige Aufwendungen«.

3.7.2 Aufwands- und Ertragsarten

Die Aufwendungen und Erträge einer Unternehmung lassen sich nach verschiedenen Gesichtspunkten gliedern. In der Praxis des Rechnungswesens kommen dabei unterschiedliche Zwischenformen vor.[1)]

In dem folgenden Schema einer Gewinn- und Verlustrechnung sind die Aufwendungen nach den Arten der bezogenen Leistungsfaktoren und die Erträge entsprechend nach den aus den Leistungen gegenüber der Umwelt erzielten Erträgen gegliedert:

1) Zu den unterschiedlichen Kriterien für die Gliederung der Aufwendungen und Erträge sei verwiesen auf Walther Busse von Colbe, Bilanzen; Betriebswirtschaftlicher Verlag Dr. Th. Gabler, Wiesbaden, Seite 802 ff.

Aufwendungen Gewinn- und	Verlustrechnung Erträge
Personalaufwendungen	Umsatzerlöse
Materialaufwendungen	Beteiligungserträge
Anlagenaufwand	Finanzerträge
Fremdleistungen Kapitalaufwand	Bucherträge (z.B. aus der Auflösung einer Rückstellung)
Abgaben	
Gewinn	

Weiterhin können die Aufwendungen aufgrund der innerbetrieblichen Leistungsverrechnung gegliedert werden in

— Materialaufwand
— Fertigungsaufwand
— Verwaltungsaufwand
— Vertriebsaufwand
— Forschungs- und Entwicklungsaufwand
— Beteiligungsaufwand
— Finanzaufwand
— Ertragsteuern

Eine Gliederung nach betrieblichen und neutralen Aufwendungen und Erträgen führt zu folgender Gewinn- und Verlustrechnung:

Aufwendungen Gewinn- und	Verlustrechnung Erträge
Betrieblicher Aufwand — ordentlicher Aufwand — außerordentlicher A. — periodenfremder A.	Betrieblicher Ertrag — ordentlicher Ertrag — außerordentlicher E. — periodenfremder E.
Betriebsfremder Aufwand — ordentlicher Aufwand — außerordentlicher A. — periodenfremder A. = neutraler Aufwand	Betriebsfremde Erträge — ordentliche Erträge — außerordentliche E. — periodenfremde E. = neutrale Erträge

Die Gewinn- und Verlustrechnung der Firma Dorn & Co KG stellt eine in der Buchhaltungspraxis mittelständischer Unternehmungen verbreitete Mischform dar.

3.7.3 Konten- und Staffelform

Die Gewinn- und Verlustrechnung der Dorn-Kommanditgesellschaft wird in Kontenform (Kapitel 2.3.4) dargestellt. Für Aktiengesellschaften ist in § 157 AktG der Aufbau der Gewinn- und Verlustrechnung in Staffelform vorgeschrieben. Wollte man die Gewinn- und Verlustrechnung der Firma Dorn & Co KG in Anlehnung an § 157 AktG gliedern, wären Aufwendungen und Erträge wie folgt auszuweisen:

1. Umsatzerlöse		6.430.088 DM
2. Aufwendungen für bezogene Waren		4.327.505 DM
3. Rohertrag		2.102.583 DM
4. Weitere Erträge		23.412 DM
		2.125.995 DM
5. Personalaufwendungen	931.381 DM	
6. Abschreibungen auf AV	14.915 DM	
7. Einstellung in Pauschalwertberichtigung	22.500 DM	
8. Zinsen und ähnliche Aufwendungen	219.004 DM	
9. Betriebliche Steuern	43.755 DM	
10. Sonstige Aufwendungen	605.531 DM	1.837.086 DM
11. Gewinn 1981		288.909 DM

4 Bilanzierungsgrundsätze

Inhaltsübersicht

Neben den Grundsätzen ordnungsmäßiger Buchführung (vgl. Kapitel 2.6.3) entwickelten sich Bilanzierungsgrundsätze als entscheidende und bindende Ordnungsvorschriften für den Jahresabschluß.

4.1 Bilanzwahrheit

Die möglichen Bilanzierungs- und Bewertungswahlrechte bei verschiedenen Aktiv- und Passivposten zeigen bereits, daß die Forderung nach

Bilanzwahrheit nichts mit Wahrhaftigkeit im Sinne einer einzig richtigen Aussage zu tun haben kann. Wahrheit und Bilanzierungs- und Bewertungswahlrechte schließen einander prinzipiell aus. Bilanzwahrheit meint auch etwa anderes, und insofern ist der Begriff »Wahrheit« in diesem Zusammenhang »zu hoch« gegriffen.

Bilanzwahrheit fordert

— Vollständigkeit der Bilanzposten und

— Bewertung dieser Posten nach gesetzlichen Vorschriften.

4.1.1 Vollständigkeit der Bilanzposten

Die Forderung nach »Vollständigkeit« beinhaltet zweierlei:

1. Vermögensgegenstände und Schulden, die zum Geschäftsbetrieb des Unternehmers gehören, müssen bilanziert werden; sie dürfen auf keinen Fall in der Bilanz fehlen (notwendiges Betriebsvermögen).

2. Vermögensgegenstände und Schulden, die in den privaten Bereich des Unternehmers gehören, dürfen als notwendiges Privatvermögen auf keinen Fall bilanziert werden.

Vollständigkeit wird somit positiv und negativ abgegrenzt.

Die Zuordnung von Vermögensgegenständen und Schulden zum notwendigen Betriebsvermögen und notwendigen Privatvermögen ist zwingend: Der Unternehmer darf weder ausschließlich betrieblich genutzte Maschinen oder Lieferantenschulden aus der Bilanz herauslassen (positive Vollständigkeit) noch seinen persönlichen Hausrat bilanzieren und womöglich gewinnmindernd abschreiben (negative Vollständigkeit). Bei Einzelunternehmen und Personengesellschaften hat der Unternehmer (Mitunternehmer) jedoch die Möglichkeit, solche Güter als »gewillkürtes Betriebsvermögen« in die Bilanz aufzunehmen, die weder eindeutig dem notwendigen Betriebsvermögen noch dem notwendigen Privatvermögen zuzuordnen sind, wie beispielsweise Wertpapiere. Für gewillkürtes Betriebsvermögen besteht ein Bilanzierungswahlrecht, für notwendiges Betriebsvermögen Bilanzierungspflicht, für notwendiges Privatvermögen ein Bilanzierungsverbot.

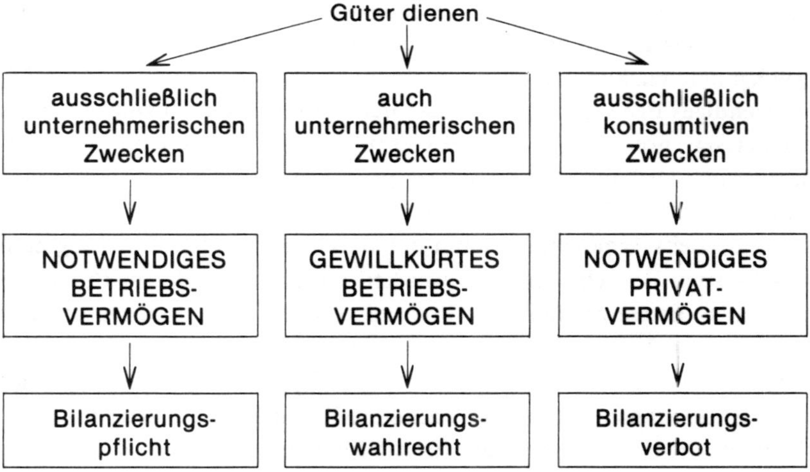

Notwendiges Betriebsvermögen umfaßt alle Wirtschaftsgüter, die dem Betrieb unmittelbar so dienen, daß sie objektiv erkennbar zum unmittelbaren Einsatz im Betrieb selbst bestimmt sind. Zum Betrieb gehören in diesem Sinn nicht allein die dem technischen und verwaltungsmäßigen Ablauf des eigentlichen Betriebsprozesses gewidmeten Einrichtungen, sondern auch solche, die sich in anderer Weise auf diesen Betriebsablauf beziehen und ihm zu dienen bestimmt sind, auch wenn sie für den Betrieb nicht notwendig sind, wie soziale Einrichtungen der Unternehmen. Wenn ein Wirtschaftsgut des notwendigen Betriebsvermögens, zum Beispiel ein Geschäfts-PKW, unwesentlich privat genutzt wird, bleibt es notwendiges Betriebsvermögen. Generell ist bei einer mehr als 50%igen betrieblichen Nutzung notwendiges Betriebsvermögen gegeben.

Für die Nutzung von Grundstücken gelten Sonderregelungen, die weiter unten angesprochen werden.

Gewillkürtes Betriebsvermögen sind Wirtschaftsgüter, die weder notwendiges Betriebsvermögen noch notwendiges Privatvermögen darstellen, jedoch zum Betrieb in einem gewissen objektiven wirtschaftlichen Zusammenhang stehen. Nur bei der doppelten Buchführung kann gewillkürtes Betriebsvermögen gebildet werden, nicht auch bei der einfachen Buchführung. Die Aufnahme von Gegenständen des Privatvermögens (nicht des notwendigen, wie Hausrat, Kleidung des Unternehmers u.ä.!) in das gewillkürte Betriebsvermögen ist eine Privateinlage, die Rückgängigmachung eine Privatentnahme. So wie es nicht zulässig ist, notwendiges Privatvermögen in das Betriebsvermögen einzulegen, ist es unzulässig, notwendiges Betriebsvermögen zu entnehmen. Ein Wirtschaftsgut wird nicht allein deswegen Betriebsvermögen, weil es aus Mitteln des Betriebs angeschafft worden ist. Ein Gut, das nicht notwendiges Betriebsvermögen ist, kann nur durch eine Einlagehandlung zum gewillkürten Betriebsvermögen werden. Unter notwendigem Privatvermögen ist die Gesamtheit der Güter zu verstehen, die ihrer Natur nach zum privaten Vermögen gehören und die der Gewerbetreibende aus dem Grunde nicht als Betriebsvermögen behandeln kann, zum Beispiel das vom Unternehmer und seiner Familie selbst genutzte eigene Einfamilienhaus, die darauf ruhenden, für die Finanzierung dieses Hauses aufgenommenen Hypothekenschulden, Hausrat, Kleidung usw.

Der Grundsatz der Bilanzwahrheit fordert somit hinsichtlich der Vollständigkeit der Bilanz in positiver und negativer Hinsicht:

1. Bilanzausweis aller Vermögens- und Schuldposten des notwendigen Betriebsvermögens;

2. keinen Bilanzansatz für Güter des notwendigen Privatvermögens;

3. Bilanzierungswahlrecht für das gewillkürte Betriebsvermögen.

Für die Zugehörigkeit von Grundstücken und Grundstücksteilen zum Betriebs- bzw. Privatvermögen gilt folgendes:

Grundstücke und Grundstücksteile, die ausschließlich und unmittelbar für Zwecke des eigenen Betriebs genutzt werden, gehören regelmäßig zum notwendigen Betriebsvermögen (eigenbetriebliche Nutzung). Eigenbetrieblich genutzte Grundstücksteile gehören jedoch dann nicht zum notwendigen Betriebsvermögen, wenn ihr Wert im Verhältnis zum Wert des ganzen Grundstücks von untergeordneter Bedeutung ist.

Beispiel:

Ein Kleingewerbetreibender (Handwerksbetrieb) betreibt seine Werkstatt in zwei Kellerräumen seines Einfamilienhauses.

Ohne Beachtung einer Wertgrenze wären die beiden betrieblich genutzten Kellerräume notwendiges Betriebsvermögen. Sie sind es jedoch nur dann, wenn ihr Wert im Verhältnis zum Wert des ganzen Grundstücks nicht von untergeordneter Bedeutung ist. Das ist in der Regel der Fall, wenn der Wert des eigenbetrieblich genutzten Grundstücksteils weder mehr als ein Fünftel des Wertes des ganzen Grundstücks noch mehr als 20.000 DM beträgt. Bei der Prüfung, ob der Wert eines Grundstücksteils mehr als ein Fünftel des Wertes des ganzen Grundstücks beträgt, ist in der Regel das Verhältnis der Nutzflächen zugrunde zu legen. Ein Grundstücksteil ist mehr als 20.000 DM wert, wenn der Teil des gemeinen Wertes des ganzen Grundstücks, der nach dem Verhältnis der Nutzflächen auf den Grundstücksteil entfällt, 20.000 DM übersteigt. Der gemeine Wert ist der Preis, der im gewöhnlichen Geschäftsverkehr bei der Veräußerung des Grundstücks zu erzielen wäre. Dabei sind alle Umstände, die den Preis beeinflussen, zu berücksichtigen. Nicht zu berücksichtigen sind ungewöhnliche oder persönliche Verhältnisse, zum Beispiel in der Person des Eigentümers begründete Verfügungsbeschränkungen. Führt der Ansatz der Nutzflächen zu einem unangemessenen Wertverhältnis der beiden Grundstücksteile (im obigen Beispiel der beiden Kellerräume zu den übrigen Räumen des Einfamilienhauses), so ist bei ihrer Wertermittlung anstelle der Nutzflächen der Rauminhalt zugrunde zu legen.

Zur Verdeutlichung zwei Beispiele mit Zahlenangaben:

1. Beispiel:

Ein Unternehmer betreibt im eigenen Einfamilienhaus eine Tischlerei. Der Wert des ganzen Grundstücks beträgt 300.000 DM, der Wert der eigenbetrieblich genutzten Grundstücksteile 40.000 DM. Dieser eigenbetrieblich genutzte Grundstücksteil ist notwendiges Betriebsvermögen, weil sein Wert den Betrag von 20.000 DM übersteigt.

2. Beispiel:

Ein Handwerker betreibt seine Werkstatt in zwei Kellerräumen seines Einfamilienhauses, dessen gemeiner Wert mit 120.000 DM zu veranschlagen ist. Der Wert der beiden betrieblich genutzten Kellerräume ist mit 15.000 DM anzusetzen. Dieser eigenbetrieblich genutzte Grundstücksteil ist kein notwendiges Betriebsvermögen, weil sein Wert nicht mehr als ein Fünftel (20 % von 120.000 DM = 24.000 DM) des Wertes des ganzen Grundstücks beträgt und auch 20.000 DM nicht übersteigt.

Gewerbetreibende können die Grundstücke oder Grundstücksteile, die nicht eigenbetrieblich genutzt werden und nicht Wohnzwecken dienen, als gewillkürtes Betriebsvermögen behandeln, wenn diese in einem gewissen objektiven Zusammenhang mit dem Betrieb stehen und ihm zu dienen und zu fördern bestimmt und geeignet sind. Grundstücksteile, deren Wert im Verhältnis zum Wert des ganzen Grundstücks von untergeordneter Bedeutung ist, können nicht als gewillkürtes Betriebsvermögen behandelt werden. Erfüllt ein Grundstück mehr als zur Hälfte die Voraussetzungen für die Behandlung als Betriebsvermögen, so kann das ganze Grundstück als Betriebsvermögen behandelt werden.

Beispiel:

Ein Gewerbetreibender (mit doppelter Buchführung) unterhält in einem Teil seines Grundstücks sein Großhandelsunternehmen. Einen anderen

Teil seines Grundstücks hat er im Interesse seines Geschäfts an einen Einzelhändler (Kunden) seines Gewerbezweiges vermietet. Den übrigen Teil des Grundstücks benutzt er mit seiner Familie zu eigenen Wohnzwecken. Der gemeine Wert des ganzen Grundstücks beträgt 600.000 DM, der Wert jedes der drei verschieden genutzten Grundstücksteile beträgt je 200.000 DM. Der für das eigene Unternehmen genutzte Teil muß als notwendiges Betriebsvermögen bilanziert werden. Außerdem kann der Unternehmer den an den Einzelhändler vermieteten Teil des Grundstücks als gewillkürtes Betriebsvermögen aktivieren. Er kann aber auch das ganze Grundstück als Betriebsvermögen führen, weil die Voraussetzungen für die Behandlung des Grundstücks als Betriebsvermögen bei mehr als der Hälfte seines Werts erfüllt sind.

Der Unternehmer muß generell 100%iger Eigentümer des von ihm bilanzierten Wirtschaftsgutes sein. Nach § 39 AO werden ihm bestimmte Wirtschaftsgüter zugerechnet, obwohl sie ihm bürgerlich-rechtlich nicht gehören, und zwar in folgenden Fällen: Übt ein anderer als der Eigentümer die tatsächliche Herrschaft über ein Wirtschaftsgut in der Weise aus, daß er den Eigentümer im Regelfall für die betriebsgewöhnliche Nutzungsdauer von der Einwirkung auf das Wirtschaftsgut wirtschaftlich ausschließen kann (was für viele Leasinggegenstände beim Leasing-Nehmer zutrifft), so ist ihm das Wirtschaftsgut zuzurechnen (d.h. Bilanzierung beim Leasingnehmer). Bei Treuhandverhältnissen sind die Wirtschaftsgüter dem Treugeber, beim Sicherungseigentum dem Sicherungsgeber und beim Eigenbesitz dem Eigenbesitzer zuzurechnen.

Bei strenger Auslegung verlangt der Grundsatz der Bilanzwahrheit eine besondere Kennzeichnung von bilanzierten Wirtschaftsgütern, an denen das bürgerlich-rechtliche Eigentum einem Dritten zusteht.

4.1.2 Bewertung der Bilanzposten nach gesetzlichen Vorschriften

Unter den gesetzlichen Vorschriften in diesem Sinne sind zunächst die Bewertungsbestimmungen des Handelsrechts (HGB, AktG usw.) zu verstehen; denn die Steuerbilanz ist keine selbständige Bilanz, sondern eine aus der Handelsbilanz abgeleitete Vermögensübersicht.[1] Die »Maßgeblichkeit der Handelsbilanz für die Steuerbilanz« gilt jedoch nicht, wenn

1. die Handelsbilanz selbst fehlerhafte Bilanzansätze ausweist,

2. Wertansätze der Handelsbilanz, z.B. Abschreibung des Firmenwertes, gegen zwingende Bewertungsvorschriften des Steuerrechts verstoßen (Vorrangigkeit der besonderen Bewertungsvorschriften des Steuerrechts).

Vereinfacht lassen sich die Bewertungen der Vermögens- und Schuldposten so darstellen:

Aktiva Bilanz auf den 31.12.1980	**Passiva**
ANLAGEVERMÖGEN 1. nicht abnutzbares: Anschaffungs- oder Herstellungskosten oder wahlweise der niedrigere Teilwert	EIGENKAPITAL Einlagen und Entnahmen i.d.R. mit dem Teilwert
2. abnutzbares: Anschaffungs- oder Herstellungskosten ./. AfA oder wahlweise der niedrigere Teilwert GEMILDERTES NIEDERSTWERT-PRINZIP	steuerfreie Rücklagen Ansatz mit der Differenz Erlös ./. Buchwert
	FREMDKAPITAL analoge Bewertung wie das Umlaufvermögen STRENGES NIEDERSTWERT-PRINZIP/HÖCHSTWERTPRINZIP
UMLAUFVERMÖGEN Anschaffungs- oder Herstellungskosten; ein niedrigerer Teilwert muß angesetzt werden STRENGES NIEDERSTWERT-PRINZIP	RECHNUNGSABGRENZUNGS-POSTEN für spätere Wirtschaftsjahre erhaltene Geldbeträge

1) vgl. die Ausführung von Ernst Maas, Steuerliche Bilanzierungs- und Bewertungsgrundsätze, in Schöning-Lembcke: Handbuch der Bilanzierung, Buchführung und Kostenrechnung, a.a.O. S. 77 ff.

Aktiva	Bilanz auf den 31.12.1980 Passiva
RECHNUNGSABGRENZUNGS-POSTEN für spätere Wirtschafts-jahre gezahlte Geldbe-träge	

In der Handelsbilanz verbindet sich das Imparitätsprinzip mit dem Grundsatz des Gläubigerschutzes, d.h. einer im Interesse der Gläubiger vorsichtigen Bewertung. Danach ist in der Handelsbilanz eine Abwertung des Betriebsvermögens nach unten fast ohne Einschränkung gestattet. Nicht realisierte Verluste sind auszuweisen, nicht aber noch nicht realisierte Gewinne. Der Gewerbetreibende muß zwar auch in der Steuerbilanz die gleiche vorsichtige Bewertung wie in der Handelsbilanz vornehmen (Maßgeblichkeit!). Das Steuerrecht hat in den §§ 6 und 7 EStG gewisse Mindestbewertungsvorschriften gebracht, und zwar im Interesse der Steuergerechtigkeit. Diese Bewertungsuntergrenzen dürfen in der Steuerbilanz nicht unterschritten werden. Auch das Aktienrecht hat bestimmte Grenzen in §§ 154 und 155 AktG gegen eine zu weit gehende Unterbewertung gezogen. Pate stand hierbei der Schutz des Kleinaktionärs und dessen Dividendenanspruch. Nach Aktienrecht dürfen die Anschaffungs- oder Herstellungskosten abnutzbarer Anlagegüter nur nach einer den Grundsätzen ordnungsmäßiger Buchführung entsprechenden Abschreibungsmethode auf die voraussichtliche Nutzungsdauer verteilt werden, wodurch eine willkürliche Bewertung nach unten verhindert wird. Außerdem dürfen Sonderabschreibungen nur bei einer voraussichtlich dauernden Wertminderung vorgenommen werden. Der Grundsatz des Wertzusammenhangs fordert, daß der einmal angesetzte Wert auch für künftige Bilanzen grundlegend bleibt. Nach § 6 Abs. 1 Nr. 1 Satz 1-3 EStG gilt der Grundsatz des Wertzusammenhangs ohne jede Einschränkung für Wirtschaftsgüter des abnutzbaren Anlagevermögens, d.h., spätere Bilanzansätze dürfen auf keinen Fall höher als frühere sein. Für Wirtschaftsgüter des nicht abnutzbaren Anlagevermögens sowie des Umlaufvermögens gilt dieser Grundsatz eingeschränkt: Hier darf der Teilwert gegenüber einem früheren Bilanzansatz heraufgesetzt werden, jedoch nur bis zur Höhe der Anschaffungs- oder Herstellungskosten.

Was geschieht, wenn ein Unternehmer einen oder mehrere Bilanzposten »falsch« bewertet hat? Dazu sagt § 4 Abs. 2 EStG: »Der Steuerpflichtige darf die Vermögensübersicht (Bilanz) auch nach ihrer Einreichung beim Finanzamt ändern, soweit sie den Grundsätzen ordnungsmäßiger Buchführung unter Befolgung der Vorschriften dieses Gesetzes nicht entspricht. Darüber hinaus ist eine Änderung der Vermögensübersicht (Bilanz) nur noch mit Zustimmung des Finanzamts zulässig.«

Diese Bestimmung umfaßt im ersten Satz die Bilanzberichtigung, im zweiten die Bilanzänderung im engeren Sinn. Bilanzberichtigung und Bilanzänderung im engeren Sinn werden unter dem Oberbegriff »Bilanzänderung« zusammengefaßt.

Bei der Bilanzberichtigung handelt es sich um die Ersetzung eines unzulässigen Bilanzansatzes durch einen zulässigen, d.h., so wie bilanziert wurde, durfte nicht bilanziert werden.

Beispiel:

Aktiva		**Bilanz auf den 31.12.1980**	**Passiva**
		DM	DM
Anlagevermögen			
PKW: Zugang			
am 6.8.1980	24.000		
./.AfA 1980	6.000	18.000	

Das bewegliche Wirtschaftsgut des Anlagevermögens (PKW) war in der zweiten Jahreshälfte angeschafft worden. Bei vierjähriger Nutzungsdauer (lineare Absetzung für Abnutzung 25 % = 6.000 DM pro Jahr) darf 1980 nur die halbe Jahres-AfA angesetzt werden, das sind 3.000 DM. Der PKW muß am 31. Dezember 1980 mit 21.000 DM bilanziert werden. Der Bilanzansatz von 18.000 DM ist unzulässig.

Wird dagegen ein zulässiger Bilanzansatz durch einen anderen ebenfalls zulässigen ersetzt, liegt eine Bilanzänderung im engeren Sinn vor. Für diese Bilanzänderung gilt, daß so, wie bilanziert wurde, bilanziert werden durfte; der Bewertungsansatz soll aber nachträglich geändert werden, und zwar in der Weise, in der auch schon von vornherein hätte bewertet und bilanziert werden können.

Beispiel:

Aktiva	Bilanz auf den 31.12.1980		Passiva
		DM	DM
Anlagevermögen			
PKW: Zugang			
am 6.8.1980	23.000		
./. AfA 1980	3.000	21.000	

Dieser Bilanzansatz von 21.000 DM ist zulässig. Zulässig ist es aber auch, die Absetzung für Abnutzung nicht für ein halbes Jahr, sondern zeitanteilig vom 6. August bis zum 31. Dezember 1980 (= 147 Tage) zu berechnen:

$$\frac{6.000 \text{ DM x } 147 \text{ Tage}}{365 \text{ Tage}} = 2.416 \text{ DM zeitanteilige AfA 1980.}$$

Aktiva	Bilanz auf den 31.12.1980		Passiva
		DM	DM
Anlagevermögen			
PKW: Zugang			
am 6.8. 1980	24.000		
./. AfA 1980	2.416	21.584	

Nach § 4 Abs. 2 EStG darf der Steuerpflichtige im Fall des Bilanzansatzes von 18.000 DM für den PKW (unzulässiger Bilanzansatz) die Bilanz auch nach ihrer Einreichung beim Finanzamt ändern (berichtigen); denn diese Bilanz entspricht nicht den steuerrechtlichen Bewertungsvorschriften.

Hatte sich dagegen der Unternehmer für einen der beiden zulässigen Bilanzansätze — 21.000 DM bzw. 21.584 DM — entschieden, ist eine Änderung der Bilanz nach ihrer Einreichung beim Finanzamt nur noch mit finanzamtlicher Zustimmung zulässig.

Die Grenze zwischen Bilanzberichtigung und Bilanzänderung im engeren Sinn ist nicht scharf zu ziehen, da Bewertungen Schätzungen darstellen und sich die »Richtigkeit« der Schätzung erst später zeigt. So war in einem Fall höchstrichterlich zu entscheiden, ob eine bestimmte Forderung am Bilanzstichtag mit dem Nennwert oder mit einem Delkredereabschlag (Wertberichtigung) zu bewerten war. Mußte ein Delkredereabschlag erfolgen, so war der vom Unternehmer gewählte Bilanzansatz nicht zulässig. Im ersten Fall hätte in der nachträglichen Änderung des Bilanzansatzes, der den vollen Nennwert der Forderung enthielt, eine Bilanzberichtigung gelegen, anderenfalls eine Bilanzänderung im engeren Sinn. Ob also eine Bilanzberichtigung oder eine Bilanzänderung im engeren Sinn vorgenommen wird, hängt von der »Richtigkeit« des Bilanzansatzes ab. Richtig kann nur der Bilanzansatz sein, in dessen Höhe die Forderung nach dem Bilanzstichtag auch tatsächlich eingeht. Bis zu diesem Zeitpunkt des Geldeingangs ist diese Höhe aber ungewiß. Die »Richtigkeit« des Bilanzansatzes als Kriterium für die Unterscheidung zwischen Bilanzberichtigung und Bilanzänderung im engeren Sinn erweist sich als ebenso problematisch wie die Bewertung selbst. Für die Trennung der beiden Bilanzänderungen gibt es keinen absoluten Maßstab.

Für die Unterscheidung zwischen Bilanzberichtigung und Bilanzänderung im engeren Sinn ist deshalb zu fragen, ob die Bewertung bei Beachtung der einem vorsichtigen Kaufmann obliegenden Sorgfalt noch als sachlich gerechtfertigt anzuerkennen ist oder nicht. Zu berichtigen ist die Bilanz, wenn sie

— gegen zwingende handelsrechtliche Bewertungsvorschriften verstößt,

— zwingende steuerrechtliche Bewertungsvorschriften oder

— Grundsätze ordnungsmäßiger Buchführung verletzt.

Gegenstand der Bilanzberichtigung ist nur die Steuerbilanz, allenfalls die als Steuerbilanz unverändert gebliebene Handelsbilanz. Bei einem Verstoß gegen zwingende Vorschriften des Handels- und des Steuerrechts ist die Bilanzberichtigung nicht nur zulässig, sondern auch notwendig. Den Nachweis des unzulässigen Bilanzansatzes muß der führen, der ihn geltend macht. Voraussetzung für eine Bilanzberichtigung ist damit stets, daß der die Berichtigung bedingende Verstoß nachgewiesen wird.

4.2 Bilanzklarheit

Dieser Bilanzierungsgrundsatz verlangt eine klare und übersichtliche Gliederung der Bilanz und der Gewinn- und Verlustrechnung. Sollte durch unzutreffende Bilanzgliederung ein falscher Eindruck bei dem Leser der Bilanz hervorgerufen werden, wird zugleich der Grundsatz der Bilanzwahrheit berührt. Neben der klaren und übersichtlichen Gliederung der Bilanz sowie der Gewinn- und Verlustrechnung wird eine eindeutige und sachlich korrekte Bezeichnung der einzelnen Posten des Jahresabschlusses verlangt.

Dem Grundsatz der Bilanzklarheit wird durch Gliederung und Benennung der einzelnen Posten entsprechend den Vorschriften der § 151 und § 157 AktG Rechnung getragen.

Gegen die Bilanzklarheit wird beispielsweise verstoßen, wenn Forderungen gegenüber Kunden und Kundenzahlungen saldiert und nur der Saldo aus »Forderung aus Lieferungen und Leistungen« aktiviert werden. Die Summe der Kundenforderungen ist zu aktivieren, die Summe der Kundenanzahlungen unter den »sonstigen Verbindlichkeiten« zu passivieren. Das gilt entsprechend für Verbindlichkeiten gegenüber Lieferanten und Anzahlungen an Lieferanten: Die Summe der Verbindlichkeiten ist zu passivieren, die Summe der Anzahlungen an Lieferanten als »sonstige Forderung« zu aktivieren. Eine Saldierung verstößt gegen die Bilanzklarheit, zugleich auch gegen den Grundsatz der Bilanzwahrheit; denn eine Saldierung verhindert den Bilanzausweis aller aktivischen und passivischen Posten.

Der Bilanzklarheit dient die im Aktiengesetz für das Anlagevermögen vorgeschriebene »Siebenspaltenbilanz«:

	Anfangsbestand
+	Zugänge
—	Abgänge
+	Zuschreibungen
—	Abschreibungen
±	Umbuchungen
	Endbestand

Die Siebenspaltenbilanz gibt einen Einblick in die Entwicklung des Anlagevermögens. Der besondere Ausweis von »Ausleihungen mit einer Laufzeit von mindestens vier Jahren« unter den Posten der Finanzanlagen macht die Liquiditätsverhältnisse der Unternehmung durchsichtiger. Diesem Zweck dient ebenfalls die Aufteilung der Verbindlichkeiten: Hier werden Verbindlichkeiten mit einer Laufzeit von mindestens vier Jahren von den anderen Verbindlichkeiten abgehoben. Es ist ergänzend anzugeben, inwieweit die Verbindlichkeiten mit einer Laufzeit von mindestens vier Jahren vor Ablauf von vier Jahren — vom Bilanzstichtag an gerechnet — bereits fällig werden.

Auch die Bilanzierung der Eventualverbindlichkeiten »unter dem Strich« verstärkt die Bilanzklarheit.

4.3 Bilanzkontinuität

4.3.1 Formelle Bilanzkontinuität

Der Bilanzierungsgrundsatz der »formellen Bilanzkontinuität« hat enge Berührungspunkte zum Grundsatz der Bilanzklarheit. Die formelle Bilanzkontinuität fordert einen — über möglichst viele Wirtschaftsjahre hinweg — unveränderten Aufbau des Jahresabschlusses. Diese Bilanzkontinuität im Sinne einer Gliederungskontinuität erleichtert die Analyse und Kritik der Unternehmung mit Hilfe der Bilanzen und Gewinn- und Verlustrechnungen. Zur formellen Bilanzkontinuität gehört ferner die Stetigkeit in der Bezeichnung der Bilanzposten (Postenkontinuität) und die Stetigkeit hinsichtlich der bilanzmäßigen Darstellung der Abschreibung (direkte oder indirekte Abschreibungsmethode); hierzu ein nicht der Bilanzklarheit dienendes Beispiel durch Verletzung des Grundsatzes der formellen Bilanzkontinuität.

Beispiel:

Anschaffung einer Maschine für 120.000 DM am 4.5.1979; betriebsgewöhnliche Nutzungsdauer 10 Jahre.

Abschreibung für 1979 und 1980 direkt, für 1981 indirekt.

Aktiva — Bilanz auf den 31.12.1980 — Passiva

Aktiva		DM	Passiva	DM
Maschine:				
Stand 1.1.80	108.000			
AfA 1980	12.000	96.000		

Aktiva — Bilanz auf den 31.12.1981 — Passiva

Aktiva	DM	Passiva	DM
Maschine	120.000	Wertberichtigung auf Anlagevermögen	36.000

Die Fortführung der direkten Abschreibung (AfA) hätte auf den 31.12.1981 zu einem Bilanzansatz der Maschine von 84.000 DM geführt. Per Saldo ergibt sich selbstverständlich dieser Buchwert in der o.a. Bilanz auf den 31.12.1981. Dennoch fördert der Verstoß gegen den Grundsatz der formellen Bilanzkontinuität, hier Wechsel von der direkten zur indirekten Abschreibungsmethode, keinesfalls die Bilanzklarheit.

4.3.2 Materielle Bilanzkontinuität

Dieser Grundsatz fordert, die einmal gewählten Bewertungsverfahren beizubehalten. Nur so lassen sich Jahresabschlüsse einer Unternehmung für aufeinanderfolgende Wirtschaftsjahre ohne Einschränkung miteinander vergleichen. § 160 Abs. 2 Satz 3 AktG fordert dazu für den Geschäftsbericht einer Aktiengesellschaft: »In jedem Geschäftsbericht sind ferner Abweichungen des Jahresabschlusses von dem letzten Jahresabschluß, die die Vergleichbarkeit mit dem letzten Jahresabschluß beeinträchtigen, namentlich wesentliche Änderungen der Bewertungs- und Abschreibungsmethoden einschließlich der Vornahme außerplanmäßiger Abschreibungen oder Wertberichtigungen, zu erörtern.«

4.4 Weitere Bilanzierungsgrundsätze

4.4.1 Bilanzidentität

Bilanzidentität bedeutet Gleichheit zweier Bilanzen, und zwar der Schlußbilanz eines Wirtschaftsjahres mit der Eröffnungsbilanz des folgenden Wirtschaftsjahres. Dieser Grundsatz bezieht sich ausschließlich auf den Inhalt der Bilanz, nicht auch auf die äußere Darstellung, die Form der Bilanz. Da sich jeder Geschäftsvorgang einmal in einer Bilanz niederschlagen muß, wird dieser Grundsatz der Bilanzidentität nicht verabsolutiert, d.h., bei unrichtigen Bilanzansätzen wird der Bilanzzusammenhang unter Beachtung der Verfahrensgrundsätze der Abgabenordnung durchbrochen.

4.4.2 Bilanzkongruenz

Nach diesem Grundsatz besteht Gleichheit zwischen dem Ergebnis der Totalrechnung und der Summe der Periodenerfolge (Teilperiodenrechnungen). Praktische Bedeutung hat dieser Grundsatz beim Wechsel in der Gewinnermittlungsart. Um diesem Grundsatz der Bilanzkongruenz (besser: Gewinnkongruenz) Rechnung zu tragen, sind beim Wechsel von der einfachen zur doppelten Buchführung (vgl. Kapitel 1.4.1) sowie beim Wechsel von der einfachen zur doppelten Buchführung (vgl. Kapitel 1.4.2) bestimmte Korrekturen vorzunehmen.

4.4.3 Bilanzpublizität

Der Grundsatz der Bilanzöffentlichkeit galt zunächst nur für Aktiengesellschaften. § 177 Abs. 2 AktG bestimmt dazu: »Der Vorstand hat unverzüglich nach der Hauptversammlung über den Jahresabschluß den festgestellten Jahresabschluß in den Gesellschaftsblättern bekanntzugeben und die Bekanntmachung zum Handelsregister des Sitzes der Gesellschaft einzureichen.« Das »Gesetz über die Rechnungslegung von bestimmten Unternehmen und Konzernen« vom 15. August 1969 erweiterte den Kreis veröffentlichungspflichtiger Unternehmen. Danach hat ein Unternehmen öffentlich Rechnung zu legen, wenn für den Tag des Ablaufs eines Geschäftsjahres (Abschlußstichtag) und für die zwei darauffolgenden Abschlußstichtage jeweils mindestens zwei der drei folgenden Merkmale erfüllt sind:

1. Die Bilanzsumme einer auf den Abschlußstichtag aufgestellten Jahresbilanz übersteigt 125 Millionen DM.

2. Die Umsatzerlöse des Unternehmens in den zwölf Monaten vor dem Abschlußstichtag übersteigen 250 Millionen DM.

3. Das Unternehmen hat in den zwölf Monaten vor dem Abschlußstichtag durchschnittlich mehr als 5.000 Arbeitnehmer beschäftigt.

Die Pflicht zur Rechnungslegung beginnt erstmals für den dritten der aufeinanderfolgenden Abschlußstichtage, für die mindestens zwei der drei Merkmale zutreffen. Von diesem Gesetz, das auch unter der Bezeichnung »Publizitätsgesetz« bekannt ist, sind u.a. Unternehmungen in der Rechtsform der Einzelunternehmung, Personengesellschaft, GmbH, bergrechtlichen Gewerkschaft betroffen. Im Gegensatz zu Unternehmungen anderer Rechtsformen sind Einzelunternehmungen und Personengesellschaften nicht verpflichtet, neben dem Jahresabschluß auch einen Geschäftsbericht aufzustellen.[1)]

---

1) Eine ausführliche Darstellung der »Allgemeinen Bilanzierungsgrundätze« findet der interessierte Leser bei Hans Schöning, »Allgemeine Bilanzierungsgrundsätze« in: Schöning-Lembcke, Handbuch der Bilanzierung, Buchführung und Kostenrechnung, a.a.O. Seite 103 ff.

5 Das Finanzamt prüft Bücher und Jahresabschlüsse

Inhaltsübersicht

5.1 Rechtsgrundlage und Durchführung einer Betriebsprüfung

Für die Berechnung der Einkommen- bzw. Körperschaftsteuer, der Gewerbesteuer nach dem Gewerbeertrag und dem Gewerbekapital, der Vermögens- und Umsatzsteuer wird dem Finanzamt vom Gewerbetreibenden eine Steuererklärung eingereicht, nach der die Steuer veranlagt wird. Das Finanzamt macht dabei weitgehend von der in § 165 AO vorgesehenen Möglichkeit Gebrauch und setzt die Steuer unter dem Vorbehalt einer Nachprüfung fest. Die für jeden Betrieb entscheidende Nachprüfung erfolgt durch eine finanzamtliche Betriebsprüfung, deren gesetzliche Regelung sich in §§ 193-203 AO findet. Betriebsprüfungen führen in der Regel zu berichtigten Steuerbescheiden, wobei die Prüfung selbst zugunsten und zuungunsten des Gewerbetreibenden und seines Betriebes ausfallen kann, nach allgemeiner Lebenserfahrung zuungunsten. Wichtig ist folgendes: Wer im Fall der Steuerhinterziehung (§ 370 AO) unrichtige oder unvollständige Angaben bei der Finanzbehörde berichtigt oder ergänzt oder unterlassene Angaben nachholt, wird insoweit straffrei (§ 371 Abs. 1 AO). Sobald jedoch der Betriebsprüfer des Finanzamtes im Betrieb erschienen ist, kann keine strafbefreiende Selbstanzeige mehr erstattet werden (§ 371 Abs. 2 Nr. 1a AO). Es ist üblich, daß bei einer Betriebsprüfung auch Feststellungen getroffen und Erkenntnisse ausgewertet werden, die andere Unternehmen betreffen. Aufgrund der geprüften Belege, insbesondere der Belege über Betriebsausgaben, werden sog. Kontrollmitteilungen angefertigt und den für die anderen Unternehmen zuständigen Finanzämtern weitergeleitet (diese Kontrollmitteilungen werden in der KM-Akte dieser Unternehmen als Belege über Betriebseinnahmen gesammelt und bei der Betriebsprüfung dieser Unternehmungen, speziell der Vollständigkeitsprüfung der Betriebseinnahmen, herangezogen). Vor einer Betriebsprüfung wird der Unternehmer über die anstehende Betriebsprüfung informiert, über den Prüfungszeitraum, die zu prüfenden Steuerarten, den Prüfungsbeginn und den Namen des Prüfers. Bei Großbetrieben soll grundsätzlich kein Jahr ungeprüft bleiben, d.h., eine Betriebsprüfung folgt im allgemeinen im Abstand von drei bis fünf Jahren der vorhergehenden. Die Betriebsprüfung wird in den Geschäftsräumen der Unternehmung durchgeführt, möglicherweise auch beim Steuerberater. Der Unternehmer ist zur Auskunft verpflichtet. Wichtige Prüfungsfeststellungen sind dem Unternehmer während der Betriebsprüfung mitzuteilen. Führt eine Betriebsprüfung zu einer Änderung der Besteuerungsgrundlagen, das ist der Regelfall, ist nach § 201 AO eine Schlußbesprechung zwingend vorgeschrieben. Der Unternehmer kann hierauf verzichten.

Die Betriebsprüfung endet mit einem Betriebsprüfungsbericht, der die vom Prüfer getroffenen Feststellungen sowie deren Konsequenz für die geprüften Steuerarten enthält. Dieser Bp-Bericht bildet die Grundlage für die berichtigten Steuerbescheide, die fast immer mit Steuernachzahlungen verbunden sind, teilweise sogar in einem für die Unternehmung bedrohlichen Ausmaß. Hoffentlich dann und hoffentlich nicht zu spät wird jedem Unternehmer und jedem Verantwortung tragenden Mitarbeiter die Bedeutung eines geordneten und auf der Grundlage des Handels- und Steuerrechts geführten Rechnungswesens klar! Für viele kommt diese Einsicht zu spät!

5.2 Mögliche Berichtigungen aufgrund einer Betriebsprüfung

Welche Berichtigungen können sich bei einer finanzamtlichen Betriebsprüfung ergeben? Der Prüfer kann — unabhängig von dem zeitlichen Umfang des Prüfungsauftrages — Korrekturen vornehmen, und zwar

a) in der Schlußbilanz eines Wirtschaftsjahres auf der Aktivseite durch Heraufsetzung oder Herabsetzung von Bilanzposten, auf der Passivseite durch Heraufsetzung oder Herabsetzung von Bilanzposten,

b) in der Eröffnungsbilanz eines Wirtschaftsjahres mit denselben vier Berichtigungsmöglichkeiten wie in der Schlußbilanz,

c) bei den Privatentnahmen und Privateinlagen, ebenfalls durch Heraufsetzung oder Herabsetzung der Beträge gegenüber der Firmensteuerbilanz.

Somit können insgesamt zwölf verschiedenartige Berichtigungen vorkommen, deren Auswirkung auf den Gewinn der Unternehmung im folgenden untersucht werden soll.

5.3 Gewinnauswirkung der Berichtigungen

5.3.1 Berichtigung von Bilanzansätzen in der Schlußbilanz

In der Eröffnungsbilanz eines Gewerbebetriebes werden die Warenvorräte mit 50.000 DM ausgewiesen, in der Schlußbilanz desselben Wirtschaftsjahres mit 80.000 DM. Der Betriebsprüfer des Finanzamtes erhöht diesen Bilanzansatz (aus im Augenblick nicht zu prüfenden Gründen) von 80.000 DM auf 90.000 DM.

Der Betriebsprüfer nimmt an der Buchführung und an den Jahresabschlüssen der geprüften Unternehmung keine Änderung vor. Die Auswirkung dieser Erhöhung des Warenbestandes auf den Gewinn dieses Wirtschaftsjahres wird außerhalb der Buchführung in folgender Weise ermittelt:

Textziffer ... (Warenbestand)

Bilanzstichtag	Firmensteuerbilanz (FaBil)	Bp-Bilanz (BpBil)	Vermögens-unterschied	Gewinn-unterschied
31.12.1978	50.000	50.000	0	—
31.12.1979	80.000	90.000	+ 10.000	+ 10.000

Wie ist diese Darstellung und Berechnung zu verstehen? Für jeden geprüften und vom Prüfer beanstandeten Bereich, im Beispiel den Warenbestand, wird in einer Textziffer des Betriebsprüfungsberichtes ausgeführt, aus welchen Gründen der Bilanzansatz zu berichtigen ist. Um zunächst die Technik der Darstellung und Gewinnberechnung zu erklären, soll darauf verzichtet werden, im einzelnen zu begründen, warum der Bilanzansatz von 80.000 DM falsch und der von 90.000 DM zutreffend ist. Nebeneinander — von links nach rechts — werden dargestellt:

— der Bilanzstichtag,

— der Bilanzansatz lt. Firmensteuerbilanz (FaBil),

— der Bilanzansatz lt. Bp-Bilanz (BpBil),

— der sich als Differenz zwischen beiden Bilanzansätzen (BpBil und FaBil) ergebende Vermögensunterschied,

— der Gewinnunterschied.

Vertikal werden die Bilanzstichtage der geprüften Zeiträume genannt. Im gewählten Beispiel liegt der Prüfungszeitraum 1979 zwischen den Bilanzstichtagen 31.12.1978 und 31.12.1979. Diesen Stichtagen werden jeweils die Bilanzansätze lt. Firmensteuerbilanz und lt. Betriebsprüferbilanz zugeordnet. Auf den 31.12.1978 hat sich der Bilanzansatz durch die Betriebsprüfung nicht geändert; beide Bilanzen weisen einen Bestand in Höhe von 50.000 DM aus. Anders dagegen zum 31. Dezember 1979: Hier stehen 80.000 DM in der Firmensteuerbilanz 90.000 DM in der Bp-Bilanz gegenüber. Der Vergleich beider Bilanzansätze zum selben Bilanzstichtag führt zum Vermögensunterschied, am 31.12.1978 zu 0 DM, am 31.12.1979 dagegen zu + 10.000 DM. Vermögensunterschied bedeutet stets Unterschied beim Betriebsvermögen (Eigenkapital). Eine Heraufsetzung des Warenbestandes auf den 31.12.1979 um 10.000 DM hat, wenn sonst alle Posten unverändert bleiben, eine Erhöhung des Eigenkapitals von 10.000 DM zur Folge, insofern also + (!) 10.000 DM Vermögensunterschied. Um den Vermögensunterschied zu berechnen, muß — wie die Pfeile zeigen — von links (FaBil) nach rechts (BpBil) gelesen und verglichen werden:

Bilanzstichtag	FaBil	BpBil	VU	GU
31.12.1978	50.000	50.000	0	—
31.12.1979	80.000	90.000	+ 10.000	+ 10.000

Jetzt werden die Vermögensunterschiede miteinander verglichen, um daraus den Gewinnunterschied zu berechnen. Der Gewinnunterschied ist der Unterschiedsbetrag von oben nach unten bei den Vermögensunterschieden gelesen: Von 0 nach + 10.000 DM bedeutet einen positiven Gewinnunterschied (= Gewinnerhöhung) von 10.000 DM.

Die Pfeile in der folgenden Darstellung zeigen diesen Rechenweg:

Bilanzstichtag	FaBil	BpBil	VU	GU
31.12.1978	50.000	50.000	0	—
31.12.1979	80.000	90.000	+ 10.000	+ 10.000

Ein Gewinnunterschied kann sich immer nur aus der Differenz zweier Vermögensunterschiede ergeben.

An der Darstellung des Wareneinkaufs- und Warenerlöskontos für 1979 soll die Richtigkeit dieser Gewinnauswirkung gezeigt werden; für 1979 werden Wareneinkäufe von 400.000 DM und Verkäufe (ohne Umsatzsteuer) von 620.000 DM angenommen.

T-Konten vor der Betriebsprüfung:

Soll	WEK		Haben
1.1.79	50.000	31.12.79	80.000
Zugänge	400.000	WVK	370.000
	450.000		450.000

Soll	WVK		Haben
WEK	370.000	Ford.	620.000
GuV	250.000		
	620.000		620.000

Bei diesen Zahlen stellt sich der Warenrohgewinn auf 250.000 DM.

Welche Veränderung träte ein, wenn sich auf den 31.12.1979 ein Warenbestand von 90.000 DM ergäbe?

Soll	WEK		Haben
1.1.79	50.000	31.12.79	90.000
Zugänge	400.000	WVK	360.000
	450.000		450.000

Soll	WVK		Haben
WEK	360.000	Ford.	620.000
GuV	260.000		
	620.000		620.000

Die Erhöhung des Warenbestandes auf den 31.12.1979 um 10.000 DM bewirkt eine Gewinnerhöhung für 1979 um 10.000 DM.

Daraus folgt allgemein:

Erhöhungen von Aktivposten in der Schlußbilanz bewirken eine gleich hohe Gewinnerhöhung.

Umgekehrt wird der Gewinn gemindert, wenn ein Aktivposten der Schlußbilanz herabgesetzt wird.

Dazu folgendes Beispiel:

In der Eröffnungsbilanz eines Gewerbebetriebes (31.12.1978 = 1.1.1979) werden die Waren mit 50.000 DM bilanziert, in der Schlußbilanz desselben Wirtschaftsjahres mit 80.000 DM. Der Betriebsprüfer des Finanzamtes mindert den Bilanzansatz (wiederum: aus im Augenblick nicht zu prüfenden Gründen) von 80.000 DM auf 75.000 DM.

Bilanzstichtag	FaBil	BpBil	VU	GU
31.12.1978	50.000	50.000	0	—
31.12.1979	80.000	75.000	— 5.000	— 5.000

Und nun zu Berichtigungen von Bilanzposten auf der Passivseite der Schlußbilanz. Hierzu folgendes Beispiel:

In der Firmensteuerbilanz auf den 31.12.1978 werden die sonstigen Verbindlichkeiten mit 35.000 DM ausgewiesen, auf den 31.12.1979 mit 42.300 DM. Nach Feststellungen des Betriebsprüfers sind am 31.12.1979 zusätzlich 450 DM zu passivieren (Begründung: Die Anfang Januar 1980 zugestellte Fernsprechgebührenrechnung — Abrechnungszeitraum 29. November — 29. Dezember 1979 — war im Januar 1980 als Aufwand des Wirtschaftsjahres 1980 gebucht worden).

Textziffer ... (Sonstige Verbindlichkeiten)

Bilanzstichtag	FaBil	BpBil	VU	GU
31.12.1978	35.000	35.000	0	—
31.12.1979	42.300	42.750	— 450	— 450

Die Erhöhung der Passivposition »sonstige Verbindlichkeiten« führt zu einer Abnahme des Betriebsvermögens, d.h. zu einem negativen Vermögensunterschied. Entsprechend beträgt die Gewinnminderung 450 DM.

Diese Gewinnminderung läßt sich ebenfalls mit Hilfe der Gewinn- und Verlustrechnung erklären: Eine Einbuchung der noch offenen Fernsprechgebühren mit dem Buchungssatz

Per	Telefon- und Portiaufwand	450 DM	
an	sonstige Verbindlichkeiten		450 DM

hätte den Aufwand erhöht und den Gewinn dieses Wirtschaftsjahres entsprechend vermindert.

Allgemeine Erkenntnis:

Erhöhungen von Passivposten in der Schlußbilanz bewirken eine gleich hohe Gewinnminderung.

Und abschließend die Minderung von Passivposten in der Schlußbilanz:

Bei den oben genannten Zahlen für die »sonstigen Verbindlichkeiten« setzt der Betriebsprüfer des Finanzamtes die sonstigen Verbindlichkeiten auf den 31.12.1979 nicht herauf, sondern auf 42.000 DM herab. Welche Gewinnauswirkung tritt ein?

Bilanzstichtag	FaBil	BpBil	VU	GU
31.12.1978	35.000	35.000	0	—
31.12.1979	42.300	42.000	+ 300	+ 300

Die Minderung von Passivposten bedeutet eine Erhöhung des Eigenkapitals (Betriebsvermögens), d.h. einen positiven Vermögensunterschied und eine entsprechende Gewinnerhöhung.

Allgemeine Erkenntnis:

Minderung von Passivposten in der Schlußbilanz haben eine gleich hohe Gewinnerhöhung zur Folge.

Somit lassen sich folgende Berichtigungen von Bilanzpositionen einer Schlußbilanz und deren Folgen für den Gewinn dieses Wirtschaftsjahres aufzeigen:

Berichtigungsart in einer Schlußbilanz	Auswirkung auf den Gewinn dieses Wirtschaftsjahres
Heraufsetzung von Aktiva	Gewinnerhöhung
Herabsetzung von Aktiva	Gewinnminderung
Heraufsetzung von Passiva	Gewinnminderung
Herabsetzung von Passiva	Gewinnerhöhung

Nun zur Berichtigung von Bilanzansätzen in einer Eröffnungsbilanz.

5.3.2 Berichtigung von Bilanzansätzen in der Eröffnungsbilanz

In der Eröffnungsbilanz eines Gewerbetreibenden werden die Warenvorräte mit 80.000 DM bilanziert, in der Schlußbilanz desselben Wirtschaftsjahres mit 100.000 DM. Der Betriebsprüfer erhöht den Bilanzansatz auf den 31.12.1979 von 80.000 DM auf 90.000 DM. Der Bilanzansatz von 100.000 DM auf den 31.12.1980 bleibt unverändert.

Bilanzstichtag	FaBil	BpBil	VU	GU
31.12.1979	80.000	90.000	+ 10.000	—
31.12.1980	100.000	100.000	0	— 10.000

Daß sich das Betriebsvermögen auf den 31.12.1979 um 10.000 DM erhöht, leuchtet ein. Aber warum eine Gewinnminderung von 10.000 DM für 1980?

Der Vermögensunterschied

31.12.1979	+ 10.000
31.12.1980	0

muß wie ein Thermometer gelesen werden: Von + 10.000 auf 0 bedeutet einen Rückgang (hier: Gewinnminderung) von 10.000 DM. Eine Kontrolle über die Darstellung auf T-Konten beweist die Richtigkeit des Ergebnisses. Für 1980 werden Wareneinkäufe von 420.000 DM und Warenverkäufe von 660.000 DM angenommen.

T-Konten vor der Betriebsprüfung:

Soll	WEK		Haben	Soll	WVK		Haben
1.1.80	80.000	31.12.80	100.000	WEK	400.000	Ford.	660.000
Zugänge	420.000	WVK	400.000	GuV	260.000		
	500.000		500.000		660.000		660.000

Nach dem oben dargestellten Bp-Ergebnis müßte sich der Gewinn (Warenrohgewinn) des Wirtschaftsjahres 1980 um 10.000 DM auf 250.000 DM verringern, wenn der Warenbestand vom 1.1.1980 auf 90.000 DM erhöht werden sollte.

Soll	WEK		Haben
1.1.80	90.000	31.12.80	100.000
Zugänge	420.000	WVK	410.000
	510.000		510.000

Soll	WVK		Haben
WEK	410.000	Ford.	660.000
GuV	250.000		
	660.000		660.000

Bei einem Prüfungszeitraum 1979 und 1980 bedeutet die Erhöhung des Warenbestandes auf den 31.12.1979 von 80.000 DM um 10.000 DM auf 90.000 DM somit nur eine Gewinnverlagerung: Der Gewinn des Wirtschaftsjahres 1979 steigt (Erhöhung eines Aktivpostens in der Schlußbilanz, vgl. vorhergehendes Kapital), der Gewinn des Wirtschaftsjahres 1980 verringert sich entsprechend.

Textziffer ... (Warenbestand)

Bilanzstichtag	FaBil	BpBil	VU	GU
31.12.1978	50.000	50.000	0	—
31.12.1979	80.000	90.000	+ 10.000	+ 10.000
31.12.1980	100.000	100.000	0	— 10.000

Erhöhungen von Aktivposten in der Eröffnungsbilanz (Schlußbilanz des vorhergehenden Wirtschaftsjahres) verringern den Gewinn. Eine Verringerung von Aktivposten hätte die entgegengesetzte Wirkung.

Beispiel:

Der Warenbestand auf den 31.12.1979 ist lt. Feststellungen des Betriebsprüfers mit 75.000 DM anzusetzen.

Bilanzstichtag	FaBil	BpBil	VU	GU
31.12.1979	80.000	75.000	— 5.000	—
31.12.1980	100.000	100.000	0	+ 5.000

Zur Erklärung des Gewinnunterschiedes von + 5.000 DM wieder das Bild des Thermometers: Von — 5.000 nach 0 bedeutet eine Steigerung (hier: Gewinnerhöhung) von + 5.000 DM.

Wenn die Gewinnauswirkung des Vorjahres (hier: 1979) mit in die Übersicht aufgenommen werden soll, müssen auch die Bilanzwerte auf den 31.12.1978 angegeben werden; denn ein Gewinnunterschied kann sich nur zwischen zwei Vermögensunterschieden ergeben.

Bilanzstichtag	FaBil	BpBil	VU	GU
31.12.1978	50.000	50.000	0	—
31.12.1979	80.000	75.000	— 5.000	— 5.000
31.12.1980	100.000	100.000	0	+ 5.000

Auch dieses Beispiel zeigt, welche Folgen der Bilanzierungsgrundsatz der »Bilanzidentität« (Schlußbilanz eines Wirtschaftsjahres = Eröffnungsbilanz des folgenden Wirtschaftsjahres) hat: Herabsetzungen von Bilanzansätzen auf der Aktivseite in einer Schlußbilanz bewirken eine entsprechende Gewinnminderung und im folgenden Wirtschaftsjahr eine entsprechende Gewinnerhöhung, also lediglich eine Gewinnverlagerung.

Diese Aussage gilt in gleicher Weise für Bilanzberichtigungen auf der Passivseite.

Bei der Prüfung der Wirtschaftsjahre 1979 und 1980 hatte der Betriebsprüfer die »sonstigen Verbindlichkeiten« auf den 31.12.1979 von 42.300 DM auf 42.750 DM heraufgesetzt; der Bilanzwert auf den 31.12.1980 blieb mit 40.000 DM unverändert.

Zunächst wird wieder nur die Gewinnauswirkung für 1980 allein dargestellt:

Bilanzstichtag	FaBil	BpBil	VU	GU
31.12.1979	42.300	42.750	— 450	—
31.12.1980	40.000	40.000	0	+ 450

Und nun die Darstellung für beide Prüfungszeiträume:

Textziffer ... (Sonstige Verbindlichkeiten)

Bilanzstichtag	FaBil	BpBil	VU	GU
31.12.1978	35.000	35.000	0	—
31.12.1979	42.300	42.750	— 450	— 450
31.12.1980	40.000	40.000	0	+ 450

Wie ändert sich das Ergebnis, wenn die Werte der »Sonstigen Verbindlichkeiten« sowohl auf den 31.12.1979 als auch auf den 31.12.1980 berichtigt werden?

Beispiel:

Bilanzstichtag	FaBil	BpBil	VU	GU
31.12.1978	35.000	35.000	0	—
31.12.1979	42.300	42.750	— 450	— 450
31.12.1980	40.000	40.100	— 100	+ 350

»Der Thermometerstand verändert sich von — 450 auf — 100; das bedeutet eine Erwärmung (Gewinnerhöhung) um 350 für 1980.«

Ein weiteres Beispiel mit folgenden Werten:

Bilanzstichtag	FaBil	BpBil	VU	GU
31.12.1978	35.000	35.000	0	—
31.12.1979	42.300	42.750	— 450	— 450
31.12.1980	40.000	39.900	+ 100	+ 550

Auf dem Thermometer abgelesen bedeutet eine Veränderung von — 450 nach + 100 (über den 0-Punkt gelesen!) einen Anstieg von + 550! Es wäre falsch, aus — 450 und + 100 einen Betrag von + 350 ableiten zu wollen.

Und ein letztes Beispiel zu den »Sonstigen Verbindlichkeiten«:

Bilanzstichtag	FaBil	BpBil	VU	GU
31.12.1978	35.000	35.000	0	—
31.12.1979	42.300	42.000	+ 300	+ 300
31.12.1980	40.000	41.000	— 1.000	— 1.300

Nach dem Bild des Thermometers als Hilfsmittel: Die Entwicklung von + 300 nach — 1.000 bedeutet eine Minderung von — 1.300 (nicht — 700 !!).

Allgemeine Aussage:

Erhöhungen von Passivposten in der Eröffnungsbilanz (Schlußbilanz des vorhergehenden Wirtschaftsjahres) erhöhen den Gewinn, Verringerungen mindern ihn.

Damit lassen sich folgende Berichtigungen von Bilanzpositionen einer Eröffnungsbilanz und deren Folgen für den Gewinn dieses Wirtschaftsjahres aufzeigen:

Berichtigungsart in einer Eröffnungsbilanz	Auswirkung auf den Gewinn dieses Wirtschaftsjahres
Heraufsetzung von Aktiva	Gewinnminderung
Herabsetzung von Aktiva	Gewinnerhöhung
Heraufsetzung von Passiva	Gewinnerhöhung
Herabsetzung von Passiva	Gewinnminderung

5.3.3 Berichtigung von Privatentnahmen

Das Konto »Bewirtung von Geschäftsfreunden« wird vom Betriebsprüfer sehr eingehend geprüft. Wer wurde bewirtet? Wann? Anlaß? Kosten der Bewirtung, usw.? Von den geltend gemachten Aufwendungen streicht der Betriebsprüfer

1979 5.000 DM und
1980 6.000 DM.

Gewerbetreibender und dessen Steuerberater erklären sich damit (notgedrungen) einverstanden. Welche Konsequenzen hat diese Streichung?

Um diese Frage zu beantworten, muß zuvor geprüft werden, in welcher Weise diese Aufwendungen hätten gebucht werden müssen, wäre man bereits 1979 und 1980 firmenseitig zur Auffassung gelangt, es lägen keine gewinnmindernd zu buchenden Bewirtungskosten vor.

Es wurde gebucht:

Per	Bewirtungsaufwand	5.000 DM	
per	Vorsteuer	650 DM	
an	Kasse (Bank)		5.650 DM.

Es hätte gebucht werden müssen:

Per	Privatentnahmen	5.650 DM	
an	Kasse (Bank)		5.650 DM.

Die Bewirtungskosten (netto) hätten nicht den Gewinn mindern und die Vorsteuern nicht die Umsatzsteuerzahllast mindern dürfen.

Die Privatentnahmen der Jahre 1979 und 1980 sind zu erhöhen um die nicht gebuchten Entnahmen:

Mehrentnahmen 1979	5.650 DM,
Mehrentnahmen 1980	6.780 DM.

Die Orientierung an der steuerlichen Gewinnermittlung durch Vermögensbestandsvergleich (vgl. Kapitel 1.2.1)

Gewinn =	Eigenkapital am Ende des Jahres
./.	Eigenkapital am Ende des vorangegangenen Jahres
+	Privatentnahmen
./.	Privateinlagen

verdeutlicht, daß Mehrentnahmen den Gewinn erhöhen. Eine gedankliche Kontrolle dieser Aussage über die Gewinn- und Verlustrechnung gelangt zum selben Ergebnis: Der gewinnmindernd gebuchte Bewirtungsaufwand wird gekürzt und damit der Gewinn entsprechend erhöht.

Entsprechend? Der Bewirtungsaufwand 1979 beläuft sich auf 5.000 DM (1980 : 6.000 DM), die Mehrentnahmen stellen sich aber auf 5.650 DM bzw. 6.780 DM. Wie ist die Differenz zu erklären?

Die Mehrentnahmen sind steuerbarer und mit 13% steuerpflichtiger Eigenverbrauch i. S. § 1 Abs. 1 Nr. 2 Buchstabe c UStG. Diese Umsatzsteuer auf Eigenverbrauch, und zwar für

1979 650 DM,
1980 780 DM,

hebt den im Zusammenhang mit den Bewirtungsaufwendungen gebuchten Vorsteuerabzug wieder auf. Die Umsatzsteuer erhöht die sonstigen Verbindlichkeiten, d.h. Zunahme dieser Verbindlichkeiten auf den 31.12.1979 650 DM und auf den 31.12.1980 650 DM + 780 DM = 1.430 DM. Wenn angenommen wird, daß die »sonstigen Verbindlichkeiten« lt. Firmensteuerbilanz am 31.12.1979 und am 31.12.1980 jeweils 5.000 DM betragen haben, erhöhen sich die Bilanzansätze in der Betriebsprüfer-Bilanz

am 31.12.1979 auf 5.650 DM und
am 31.12.1980 auf 6.430 DM.

Das bedeutet folgende Gewinnauswirkungen:

Bilanzstichtag	FaBil	BpBil	VU	GU
31.12.1978	0	0	0	—
31.12.1979	5.000	5.650	— 650	— 650
31.12.1980	5.000	6.430	— 1.430	— 780

Den Mehrentnahmen = Mehrgewinnen von 5.650 DM für 1979 und 6.780 DM für 1980 stehen aus der Passivierung der Umsatzsteuer Gewinnminderungen von 650 DM und 780 DM gegenüber, so daß sich der Gewinn per Saldo nur um den vom Prüfer nicht als abzugsfähige Betriebsausgabe anerkannten Bewirtungsaufwand erhöht. So wie Mehrentnahmen den Gewinn erhöhen, mindern Wenigerentnahmen umgekehrt den Gewinn.

Berichtigung der Privatentnahmen	Auswirkung auf den Gewinn des Wirtschaftsjahres
Mehrentnahmen	Gewinnerhöhung
Wenigerentnahmen	Gewinnminderung

5.3.4 Berichtigung von Privateinlagen

Der Betriebsprüfer des Finanzamtes stellt fest, daß ein Gewerbetreibender eine Reparaturrechnung für den Geschäftswagen über 400 DM + 52 DM Umsatzsteuer (Vorsteuer) = 452 DM am 4.9.1979 durch Überweisung aus seinem Privatkonto beglichen hatte. So waren irrtümlich die Buchung des Reparaturaufwands und der Vorsteuerabzug unterblieben. Auch dieser Vorgang wird berichtigt, eine Feststellung des Betriebsprüfers zugunsten des Steuerpflichtigen.

Wie erfolgt die Berichtigung?

Der Betrag in Höhe von 452 DM stellt eine Mehreinlage dar, also eine Gewinnminderung (umgekehrt zur Mehrentnahme!) für 1979. Der Vorsteuerabzug in Höhe von 52 DM wird entweder als Minderung der »sonstigen Verbindlichkeiten« auf den 31.12.1979 und auf den 31.12.1980 behandelt oder als Erhöhung der »sonstigen Forderungen« an beiden Bilanzstichtagen. Das Ergebnis ist gleich, nämlich eine Gewinnerhöhung für 1979 über 52 DM.

Beide Möglichkeiten werden dargestellt, jeweils vereinfachend mit Vorträgen aus der Firmensteuerbilanz über 1.000 DM:

Textziffer ... (Sonstige Verbindlichkeiten)

Bilanzstichtag	FaBil	BpBil	VU	GU
31.12.1978	1.000	1.000	0	—
31.12.1979	1.000	948	+ 52	+ 52
31.12.1980	1.000	948	+ 52	0

oder

Textziffer ... (Sonstige Forderungen)

Bilanzstichtag	FaBil	BpBil	VU	GU
31.12.1978	1.000	1.000	0	—
31.12.1979	1.000	1.052	+ 52	+ 52
31.12.1980	1.000	1.052	+ 52	0

Trotz unterschiedlicher Wege: Das Ergebnis ist gleich. Auch hier hebt die Aktivierung der Vorsteuer in Höhe von 52 DM den Mindergewinn von 452 DM aufgrund der Mehreinlagen teilweise wieder auf. Per Saldo beträgt die Gewinnminderung aufgrund dieses Vorganges 400 DM, d.h. den Nettobetrag der Reparaturaufwendungen. Werden Privateinlagen berichtigt, treten entgegengesetzte Wirkungen wie bei einer Berichtigung von Privatentnahmen ein:

Berichtigung von Privateinlagen	Auswirkung auf den Gewinn des Wirtschaftsjahres
Mehreinlagen	Gewinnminderung
Wenigereinlagen	Gewinnerhöhung

5.4 Auswertung der Prüferfeststellungen

Mit der Darlegung der Feststellungen zur Bilanzierung und Bewertung von Aktiv- und Passivposten in den Bilanzen des geprüften Zeitraumes und zu Privatentnahmen und Privateinlagen in einem Betriebsprüferbericht einschließlich der Gewinnauswirkungen im einzelnen ist die Arbeit des Prüfers noch nicht abgeschlossen. Die Ergebnisse sind für jedes geprüfte Wirtschaftsjahr zusammenzufassen, d.h., die Ergebnisse werden in einer Betriebsprüfungsbilanz zusammengestellt. Auf der Grundlage des berichtigten Eigenkapitals (Betriebsvermögens), der berichtigten Privatentnahmen und Privateinlagen wird der berichtigte Gewinn lt. Betriebsprüfung nach § 5 EStG berechnet und abschließend durch eine Mehr- und Wenigerrechnung kontrolliert.

Werden die Feststellungen des Prüfers vom Gewerbetreibenden und seinem steuerlichen Berater akzeptiert, werden die Werte der Bilanz des letzten Prüfungsjahres durch eine Ausgleichungsbuchung in das Rechnungswesen der Unternehmung übernommen.

Das soll in den folgenden Kapiteln an einem praktischen Beispiel zur Betriebsprüfung einer offenen Handelsgesellschaft gezeigt werden.

5.5 Betriebsprüfung bei einer OHG

5.5.1 Prüfungszeitraum und Firmensteuerbilanzen

Bei der Firma Ahrens, Behrens & Co OHG, Büromaschinenhandel, wird eine finanzamtliche Betriebsprüfung für die Jahre 1979 und 1980 vorgenommen. Wirtschaftsjahr dieser Unternehmung ist das Kalenderjahr. Gesellschafter dieser Personengesellschaft sind die Herren Ahrens, Behrens und Dorn. Die letzte Betriebsprüfung betraf den Zeitraum 1976 bis 1978. Bislang wurde noch keine Angleichung der Firmensteuerbilanzansätze auf den 1.1.1979 an die Feststellungen dieser Vorprüfung vorgenommen, einer der Gründe für die vom Finanzamt bereits nach zwei Jahren erneut durchgeführte Betriebsprüfung.

Zur Unternehmung noch folgende Angaben:

Nach dem Gesellschaftsvertrag wurden diese Abmachungen zur Gewinnverteilung getroffen:

1. Das Anfangskapital der drei Gesellschafter (auf volle 10 DM auf- bzw. abgerundet) ist mit 5% zu verzinsen.

2. Für ihre Tätigkeit als Geschäftsführer erhalten die Gesellschafter

   Ahrens monatlich 4.000 DM,
   Behrens monatlich 3.500 DM

   einschließlich aller Personalnebenkosten; zwischen der OHG und diesen beiden Gesellschaftern wurde ein entsprechendes Arbeitsverhältnis abgeschlossen.

Dorn ist nicht in der Unternehmung tätig.

3. Der Restgewinn ist nach Köpfen zu verteilen.

   Für 1979 und 1980 wurden als Gewinne von der Unternehmung erklärt:

1979:	68.000 DM,
1980:	90.000 DM.

Die für 1979 und 1980 vorgenommene Gewinnverteilung ergibt sich aus der Anlage III.

Die Firmensteuerbilanzen auf den 31.12.1978, 31.12.1979 und 31.12.1980 sowie die Betriebsprüferbilanz auf den 31.12.1978 ergeben sich aus der Anlage I, die Kapitalkontenentwicklung aus der Anlage II.

5.5.2 Feststellungen des Betriebsprüfers

1. Betriebsgrundstück

Das auf den 31.12.1978 mit

Grund und Boden	50.000 DM
Gebäude	80.000 DM
Summe	130.000 DM

aktivierte Betriebsgrundstück mußte der Gemeinde für einen Straßenausbau zum 1. Oktober 1979 überlassen werden. Sämtliche mit dieser Veräußerung anfallenden Kosten gingen zu Lasten des Erwerbers. Für das Jahr 1979 wäre eine Absetzung für Abnutzung in Höhe von 8.000 DM in Betracht gekommen (entsprechend der AfA der Vorjahre).

Anlage I

AKTIVA	FaBil 31.12.78	BpBil 31.12.78	FaBil 31.12.79	FaBil 31.12.80
	DM	DM	DM	DM
Betriebsgrundstück	130.000	130.000	60.000	58.800
Geschäftsausstattung	50.000	50.000	60.000	45.000
Fuhrpark LKW	26.500	38.500	14.500	2.500
Fuhrpark PKW	17.000	17.000	12.000	7.000
Waren	70.000	65.000	72.000	75.000
Forderungen aus LuL	117.300	108.100	121.330	152.100
Geldbestände	42.000	42.000	29.270	35.000
Kapital Dorn	25.600	35.400	25.500	15.127
Bilanzsumme	478.400	486.000	394.600	390.527
PASSIVA				
Kapital Ahrens	201.665	209.595	178.208	157.400
Kapital Behrens	127.500	133.000	108.382	90.302
Verbindlichkeiten aus LuL	123.600	123.600	94.800	108.700
Wertberichtigung auf Forderungen	16.465	10.835		22.605
Sonstige Verbindlichkeiten	1.170	970	1.210	1.520
Rückstellungen für Gewerbesteuer	8.000	8.000	12.000	10.000
Bilanzsumme	478.400	486.000	394.600	390.527

Anlage II: Kapitalkontenentwicklung lt. FaBil

	Gesamt	Ahrens	Behrens	Dorn
	DM	DM	DM	DM
31.12.1978	303.565	201.665	127.500	– 25.600
Gewinn 1979	68.000	27.691	23.982	16.327
Einlagen 1979	32.000	16.000	15.000	1.000
Zwischensumme	403.565	245.356	166.482	– 8.273
Entnahmen 1979	142.475	67.148	58.100	17.227
31.12.1979	261.090	178.208	108.382	– 25.500
Gewinn 1980	90.000	34.560	31.067	24.373
Einlagen 1980	33.043	17.032	14.011	2.000
Zwischensumme	384.133	229.800	153.460	873
Entnahmen 1980	151.558	72.400	73.158	16.000
31.12.1980	232.575	157.400	90.302	– 15.127

Anlage III: Gewinnverteilung

1979	Gesamt	Ahrens	Behrens	Dorn
	DM	DM	DM	DM
5 % Zinsen	15.179	10.084	6.375	– 1.280
Restgewinn nach Köpfen	52.821	17.607	17.607	17.607
Summe	68.000	27.691	23.982	16.327
1980				
5 % Zinsen	13.055	8.911	5.419	– 1.275
Restgewinn nach Köpfen	76.945	25.649	25.648	25.648
Summe	90.000	34.560	31.067	24.373

Die Gemeinde zahlte der Unternehmung eine Entschädigung für

Grund und Boden	110.000 DM
Gebäude	170.000 DM
Gesamtentschädigung	280.000 DM

Die Gesellschafter Ahrens und Behrens hatten sich um ein Ersatzgrundstück bemüht, bekamen aber lediglich ein 50jähriges Erbbaurecht an einem Grundstück eingeräumt. Anfang 1979 wurde mit dem Bau eines Ersatzgebäudes begonnen, das seit dem 1. Oktober 1979 genutzt wird. Die Herstellungskosten beliefen sich auf 210.000 DM. Dieser Betrag wurde auf dem Grundstückskonto aktiviert. Der Geldeingang der Entschädigung wurde gebucht:

Per Bank	280.000 DM	
an Grundstückskonto		280.000 DM.

Die Absetzung für Abnutzung wurde erst ab 1980 berücksichtigt; bei der Bemessung der AfA wurde eine 50jährige Nutzungsdauer (2% AfA p.a.) zugrunde gelegt.

Auf dem Konto »Betriebsgrundstück« wurden somit folgende Beträge gebucht:

Bilanzansatz zum 31.12.1978	130.000 DM
Herstellungskosten	210.000 DM
	340.000 DM
Entschädigung	280.000 DM
Bilanzansatz 31.12.1979	60.000 DM
AfA 1980: 2% von 60.000 DM	1.200 DM
Bilanzansatz 31.12.1980	58.800 DM

2. Gemietete Geschäftsräume

Der Gesellschafter Ahrens errichtete 1978/1979 auf einem ihm gehörenden Bauplatz, den er 1970 für 40.000 DM erworben hatte, ein Bürogebäude. Bezugsfertig wurde es am 1. September 1979. Mit den Baukosten von 400.000 DM konnten 200 qm Nutzfläche erstellt werden. Der Verkehrswert des Grund und Bodens war zum Zeitpunkt der Bezugsfertigkeit für Zwecke der Beleihung auf 50.000 DM geschätzt worden.

Die Firma Ahrens, Behrens & Co OHG mietete von ihrem Gesellschafter Ahrens ab 1. September 1979 ein Stockwerk dieses Hauses mit einer Nutzungsfläche von 80 qm und zahlte an Ahrens dafür eine monatliche Miete in Höhe von 1.200 DM. Der Mietvertrag wurde auf die Dauer von 5 Jahren abgeschlossen.

Ahrens ließ die Grundstückserträge und Grundstücksaufwendungen auf ein Unterkonto seines Kapitalkontos buchen. Dieses Unterkonto zeigt folgende Entwicklung:

Soll — Grundstückskonto Ahrens 1979 — Haben

Soll	DM	Haben	DM
Diverse Aufwendungen	8.400	Mieten der OHG	4.800
Umbuchung auf Kapitalkonto Ahrens	3.600	sonstige Mieten	7.200
	12.000		12.000

Soll — Grundstückskonto Ahrens 1980 — Haben

Soll	DM	Haben	DM
Diverse Aufwendungen	24.000	Mieten der OHG	14.400
Umbuchung auf Kapitalkonto Ahrens	12.000	sonstige Mieten	21.600
	36.000		36.000

Den Buchungen der diversen Aufwendungen und der sonstigen Mieten standen entsprechende Geldvorgänge gegenüber.

Die von der OHG vereinnahmten Mieten wurden gebucht:

1979:	Mietaufwand an Grundstückskonto Ahrens	4.800 DM
1980:	Mietaufwand an Grundstückskonto Ahrens	14.400 DM.

Die Aufwendungen für das Grundstück verteilen sich gleichmäßig auf das Bürogebäude. Gegen die 2%ige Absetzung für Abnutzung sind keine Einwendungen zu erheben; auf die Möglichkeit, von der Absetzung für Abnutzung nach § 7 Abs. 5 EStG Gebrauch zu machen, hat die Unternehmung verzichtet.

3. Geschäftsausstattung

Von der zum 31.12.1978 mit 50.000 DM aktivierten Geschäftsausstattung (jährliche Absetzung für Abnutung 10.000 DM) wurde am 1. Juli 1979 die Hälfte zum Preis von 55.000 DM + 13% Umsatzsteuer verkauft. Im April 1979 waren neue Geschäftsausstattungsgegenstände zum Preis von 80.000 DM + 13% Umsatzsteuer angeschafft worden.

Diese Vorgänge waren wie folgt gebucht worden:

7. 4.1979:	Per Geschäftsausstattung	80.000 DM	
	per Vorsteuer	10.400 DM	
	an Bank		90.400 DM
1. 7.1979	Per Bank	62.150 DM	
	an Geschäftsausstattung		55.000 DM
	an Umsatzsteuer		7.150 DM

Der Saldo in Höhe von 75.000 DM wurde nach einer Restnutzungsdauer von 5 Jahren abgeschrieben, d.h. mit 15.000 DM pro Jahr. Nach den Feststellungen des Betriebsprüfers ist von einer Nutzungsdauer von 10

Jahren für den Zugang auszugehen. Für den alten Bestand ist die jährliche Absetzung für Abnutzung von 10.000 DM nicht zu beanstanden.

Kontenentwicklung lt. Firmenbuchhaltung:

31.12.1978	Bilanzansatz	50.000 DM
7. 4.1979	Zugang	80.000 DM
		130.000 DM
1. 7.1979	Abgang	55.000 DM
		75.000 DM
AfA 1979		15.000 DM
31.12.1979	Bilanzansatz	60.000 DM
AfA 1980		15.000 DM
31.12.1980	Bilanzansatz	45.000 DM

4. Fuhrpark

Die Unternehmung Ahrens, Behrens & Co OHG hatte am 14.8.1977 einen LKW mit Anhänger zum Preis von 60.000 DM angeschafft. Für diesen gebrauchten Gegenstand ging die Unternehmung für die Berechnung der Absetzung für Abnutzung von einer nicht zu beanstandenden betriebsgewöhnlichen Nutzungsdauer von 5 Jahren aus.

Bei einem Verkehrsunfall im Jahre 1978 waren LKW und Hänger erheblich beschädigt worden. Der trotz Generalüberholung eingetretenen Wertminderung hatte die Unternehmung durch eine Teilwertabschreibung von 15.500 DM neben der laufenden Jahresabsetzung für Abnutzung Rechnung getragen. Die vorangegangene Betriebsprüfung hatte die Teilwertabschreibung als zulässig anerkannt, nicht jedoch daneben den Abzug der laufenden AfA.

Kontenentwicklung lt. Firmenbuchhaltung:

14. 8.1977	Zugang	60.000 DM
AfA 1977 für	1/2 Jahr	6.000 DM
31.12.1977	Bilanzansatz	54.000 DM
16. 9.1978	Teilwertabschreibung	15.500 DM
AfA 1978		12.000 DM
31.12.1978	Bilanzansatz	26.500 DM
AfA 1979		12.000 DM
31.12.1979	Bilanzansatz	14.500 DM
AfA 1980		12.000 DM
31.12.1980	Bilanzansatz	2.500 DM

5. Waren

In der Vorprüfung hatte der Betriebsprüfer den Bilanzansatz der Waren gegenüber dem Firmenbilanzansatz (70.000 DM) um 5.000 DM niedriger, d.h. mit 65.000 DM angesetzt. Wie beim Fuhrpark war auch bei diesem Bilanzposten keine buchhalterische Angleichung an die Feststellungen der Vorprüfung erfolgt.

Zum 31.12.1979 hatte der Buchhalter der OHG einen Teilwertabschlag von 8.000 DM vorgenommen, der vom Betriebsprüfer als unzulässig beanstandet wurde.

Zum 31.12.1980 wurde irrtümlich zu Verkaufspreisen (ohne Umsatzsteuer) bilanziert. Von der Ahrens-Behrens-&-Co-OHG wird im allgemeinen mit einem Aufschlag von 25% auf den Einstandspreis kalkuliert. Weiterhin war ein Inventurblatt mit einem Warenposten von 8.500 DM Einstandspreis irrtümlich nicht mit erfaßt worden.

6. Forderungen aufgrund steuerfreier Umsätze

a) Wertberichtigung

Beim Ansatz zum 31.12.1979 hatte der Buchhalter der Firma Ahrens, Behrens & Co OHG das Delkredere in Höhe von 18.070 DM direkt vom Forderungsbestand abgesetzt. Bereits in der Vorprüfung waren die Gesellschafter und der Buchhalter darauf hingewiesen worden, daß die Grundsätze der Bilanzklarheit und der formellen Bilanzkontinuität eine in allen Jahren gleiche buchhalterische und bilanzielle Verfahrensweise erfordern.

b) Stundung der Forderung gegenüber dem Kunden Witt

Am 4. Januar 1979 hatte die Firma Ahrens, Behrens & Co OHG eine Kontokorrentforderung gegenüber ihrem Kunden Witt aus einer nichtsteuerbaren Freihafenlieferung über 10.000 DM in eine Darlehensforderung umgewandelt. Als Jahresleistung (Tilgung und Zins) wurden 2.000 DM pro Jahr vereinbart, davon 5% Zinsen auf den noch nicht getilgten Restbetrag.

Der Buchhalter hatte die erste und zweite Annuitätenzahlung von je 2.000 DM in voller Höhe als Tilgung gebucht und als Darlehensforderung

am 31.12.1979 8.000 DM und
am 31.12.1980 6.000 DM aktiviert.

Beide Posten sind in der Bilanzposition »Forderungen aus Lieferungen und Leistungen« enthalten.

7. Delkredere

Zum 31.12.1979 wurde das Delkredere von den Forderungen aus Lieferungen und Leistungen abgesetzt (vgl. die Feststellungen des Betriebsprüfers unter 6a). Die Berechnung seitens der Unternehmung führte zu folgenden Werten:

		31.12.1979		31.12.1980
Einzelwertberichtigung				
Debitor Meier zu	40 % =	1.600 DM		
Debitor Müller zu	60 % =	3.300 DM	80 % =	3.200 DM
Debitor Schulze zu	20 % =	2.700 DM	50 % =	4.600 DM
Debitor Schrader zu	35 % =	3.500 DM	90 % =	7.200 DM
Zwischensumme		11.100 DM		15.000 DM
Pauschalwertberichtigung				
1979: 5% von 139.400 DM		6.970 DM		
1980: 5% von 152.100 DM				7.605 DM
Delkredere insgesamt		18.070 DM		22.605 DM

Schon der Vorprüfer hatte festgestellt, daß das pauschale Delkredere in Höhe von 3% — nicht aber in Höhe von 5% — den Erfahrungen der Vergangenheit und damit betriebswirtschaftlichen Anforderungen entspricht. Das Delkredere war auf den 31.12.1979 irrtümlich nicht passiviert worden.

(Anmerkung: Die Ergebnisse der abweichenden Berechnung aufgrund der o.a. Feststellungen sind auf volle 10 DM auf- bzw. abzurunden!)

8. Gewerbesteuer-Rückstellung

Die Rückstellungen in den Firmensteuerbilanzen sind als angemessen anzusehen. Rückstellungen für evtl. sich ergebende Mehrsteuern aufgrund dieser Betriebsprüfung sind nicht zu berücksichtigen. Die Mehrsteuern (Gewerbesteuer) sollen bei Zahlung gewinnmindernd gebucht werden.

9. Private Nutzung der Kraftfahrzeuge durch die Gesellschafter Ahrens und Behrens

Den Gesellschaftern Ahrens und Behrens steht je ein Firmenwagen auch für private Fahrten zur Verfügung. Die laufenden Aufwendungen und die Absetzung für Abnutzung wurden in ungekürzter Höhe gewinnmindernd gebucht. Der private Nutzungsanteil wird mit 30% festgesetzt. Umsatzsteuer auf Eigenverbrauch ist zu erheben.

Bilanziert wurden die von den Gesellschaftern auch privat genutzten Fahrzeuge wie folgt:

	VW (Ahrens)	Lada (Behrens)
31.12.1978	9.000 DM	8.000 DM
31.12.1979	6.000 DM	6.000 DM
31.12.1980	3.000 DM	4.000 DM

Die Absetzungen für Abnutzung sind nicht zu beanstanden.

Die laufenden Aufwendungen betrugen:

	VW	Lada
1979	5.000 DM	4.200 DM
1980	4.000 DM	4.500 DM

10. Geschäftsführergehalt

Die den Gesellschaftern Ahrens und Behrens in den Jahren 1979 und 1980 gezahlten Bezüge, und zwar einschließlich aller Personalnebenkosten (vgl. die Beträge zu Beginn der Feststellungen), waren zu Lasten des Kontos »Löhne und Gehälter« gebucht worden.

11. Kapitalverzinsung

Nach den Bestimmungen des Gesellschaftsvertrages hatten die Gesellschafter zu beanspruchen:

1979:	Ahrens 5% von 201.670 DM =	10.084 DM
	Behrens 5% von 127.500 DM =	6.375 DM

Es wurde gebucht:

Per Zinsaufwand	10.084 DM	
an Kapital Ahrens		10.084 DM
und		
per Zinsaufwand	6.375 DM	
an Kapital Behrens		6.375 DM.

Infolge des negativen Kapitalkontos des Gesellschafters Dorn in Höhe von 25.600 DM machte die OHG gegenüber diesem Gesellschafter geltend: 5% von 25.600 DM = 1.280 DM.

Beim Jahresabschluß auf den 31.12.1979 wurde gebucht:

Per Kapital Dorn	1.280 DM	
an Zinserträge		1.280 DM.

Für 1980 stellte sich die Kapitalverzinsung auf:

Ahrens 5% von 178.210 DM =	8.911 DM
Behrens 5% von 108.380 DM =	5.419 DM
Dorn 5% von — 25.500 DM =	— 1.275 DM.

Gebucht wurden diese Kapitalverzinsungsbeträge wie 1979.

Folgende Arbeitsschritte sind erforderlich, um diese Betriebsprüfungsfeststellungen auszuwerten:

a) Die abweichenden Feststellungen des Betriebsprüfers sind in der Reihenfolge der Textziffern und in der in Betriebsprüfungsberichten üblichen Form darzustellen. Soweit erforderlich, sind kurze Begründungen zu geben, insbesondere Kontenentwicklungen darzustellen.

b) Die Betriebsprüfungsbilanzen (BpBil) auf den 31.12.1979 und 31.12.1980 sind aufzustellen.

c) Der Gewinn der Prüfungsjahre 1979 und 1980 ist durch Vermögensbestandsvergleich zu ermitteln und durch eine Mehr- und Wenigerrechnung zu kontrollieren.

d) Gewinn und Verlust 1979 und 1980 sind auf die Gesellschafter Ahrens, Behrens und Dorn zu verteilen.

e) Die Kapitalkonten der Gesellschafter sind nach den Feststellungen der Betriebsprüfung zu entwickeln.

f) Der Buchungssatz (Konten und Beträge) ist zu entwickeln, mit dem die Feststellungen des Betriebsprüfers (Betriebsprüfungsbilanz auf den 31.12.1980) auf den 1.1.1981 in das Rechnungswesen der Firma Ahrens, Behrens & Co OHG übernommen werden.

5.5.3 Auswertung der Bp-Feststellungen

a) Auswertung der abweichenden Feststellungen des Betriebsprüfers

1. Betriebsgrundstück I

Der Bilanzansatz zum 31. Dezember 1978 in Höhe von	130.000 DM
ist um die Absetzung für Abnutzung für neun Monate des Jahres 1979 (Januar bis September) zu mindern, das sind bei einer jährlichen AfA von 8.000 DM	6.000 DM
Buchwert im Zeitpunkt der Veräußerung	124.000 DM
Entschädigung durch die Gemeinde	280.000 DM
aufgedeckte stille Reserven	156.000 DM

Nach § 6b Abs. 1 EStG kann diese bei der Veräußerung aufgedeckte stille Reserve auf das Ersatzwirtschaftsgut übertragen werden (vgl. Kapitel 3.3.1). Die dafür in § 6b EStG geforderten Voraussetzungen sind als erfüllt anzusehen.

Herstellungskosten des Ersatzwirtschaftsgutes	210.000 DM
abzüglich übertragene stille Reserve	156.000 DM
fiktive Herstellungskosten des Ersatzwirtschaftsgutes	54.000 DM
Absetzung für Abnutzung bei einer 50jährigen Nutzungsdauer: 2% von 54.000 DM = 1.080 DM; davon AfA für die Monate Oktober-Dezember 1979	270 DM
Bilanzansatz 31.12.1979	53.730 DM
Absetzung für Abnutzung 1980	1.080 DM
Bilanzansatz 31.12.1980	52.650 DM

Bilanzstichtag	FaBil	BpBil	VU	GU
	DM	DM	DM	DM
31.12.1978	130.000	130.000	0	—
31.12.1979	60.000	53.730	— 6.270	— 6.270
31.12.1980	58.800	52.650	— 6.150	+ 120

2. Gemietete Geschäftsräume (Betriebsgrundstück II)

Grundstücke oder Grundstücksteile, die nur einem Gesellschafter einer offenen Handelsgesellschaft, hier dem Geschäftsführer Ahrens, gehören, aber dem Betrieb der Personengesellschaft ausschließlich und unmittelbar dienen, sind notwendiges Betriebsvermögen der Personengesellschaft (vgl. Kapitel 4.1.1). Dient ein Grundstück, wie im vorliegenden Fall, nur zum Teil dem Betrieb der Personengesellschaft, so sind die den Gesellschaftern zuzurechnenden Grundstücksteile lediglich mit ihrem betrieblich genutzten Teil notwendiges Betriebsvermögen, es sei denn, der Wert dieser betrieblich genutzten Teile sei im Verhältnis zum Wert des ganzen Grundstücks von untergeordneter Bedeutung.

Die bei der Firma Ahrens, Behrens & Co OHG gegebene Nutzung umfaßt 80 qm von 200 qm, das sind 40%, kein Anteil von untergeordneter Bedeutung. In Höhe dieses Anteils sind der Grund und Boden und das Bürogebäude notwendiges Betriebsvermögen der offenen Handelsgesellschaft.

Vom Grund und Boden ist nach § 6 Abs. 1 Ziffer 5 Satz 1 EStG der anteilige Verkehrswert, dessen gesamte Höhe auf 50.000 DM geschätzt worden ist, zu aktivieren, d.h. 40% von 50.000 DM = 20.000 DM.

Bilanzstichtag	FaBil	BpBil	VU	GU
	DM	DM	DM	DM
31.12.1978	0	0	0	—
31.12.1979	0	20.000	+ 20.000	+ 20.000
31.12.1980	0	20.000	+ 20.000	0

Bürogebäude:

40% der Herstellungskosten (400.000 DM)	160.000 DM
2% AfA für ein Jahr = 8.000 DM; davon 40% = 3.200 DM; davon 1/3 Anteil für September bis Dezember 1979	1.067 DM
Bilanzansatz auf den 31.12.1979	158.933 DM
AfA 1980	3.200 DM
Bilanzansatz auf den 31.12.1980	155.733 DM

Bilanzstichtag	FaBil	BpBil	VU	GU
	DM	DM	DM	DM
31.12.1978	0	0	0	—
31.12.1979	0	158.933	+ 158.933	+ 158.933
31.12.1980	0	155.733	+ 155.733	— 3.200

Mehreinlagen 1979:	Grund und Boden	20.000 DM
	Bürogebäude	160.000 DM
	Summe	180.000 DM

Die Mietezahlungen der Firma Ahrens, Behrens & Co OHG an den Gesellschafter Ahrens sind Vorweggewinne des Ahrens und nicht als Betriebsausgaben abzugsfähig:

1979: Wenigereinlage Ahrens	4.800 DM
1980: Wenigereinlage Ahrens	14.400 DM.

40% der Grundstücksaufwendungen sind Betriebsausgaben. Sie belasten den Betriebsgewinn und hier den Gewinnanteil des Gesellschafters Ahrens als Vorwegverlust:

1979: Mehreinlagen Ahrens 40% von 8.400 DM =	3.360 DM
1980: Mehreinlagen Ahrens 40% von 24.000 DM =	9.600 DM.

Es handelt sich dabei um Mehreinlagen, weil der Saldo aus den Grundstückserträgen und Grundstücksaufwendungen als Einlage auf das Kapitalkonto des Gesellschafters Ahrens übergeht.

Ermittlung des Vorweggewinns des Gesellschafter Ahrens für

die Gewinnverteilung:	31.12.1979		31.12.1980	
Vorweggewinn : Miete		4.800 DM		14.400 DM
Vorwegverlust: 40% der				
Grundstücksaufwendungen	3.360 DM		9.600 DM	
Absetzung für Abnutzung	1.067 DM	4.727 DM	3.200 DM	12.800 DM
Vorweggewinne Ahrens		373 DM		1.600 DM

3. Geschäftsausstattung

Das Konto »Geschäftsausstattung« hätte entsprechend der vom Betriebsprüfer getroffenen Feststellungen wie folgt geführt werden müssen:

	alter Bestand	neuer Bestand	gesamt
	DM	DM	DM
Ansatz 31.12.1978	50.000	—	50.000
Zugang 7.4.1979	—	80.000	80.000
	50.000	80.000	130.000
Zugang 1.7.1979	25.000	—	25.000
	25.000	80.000	105.000
AfA 1979	5.000	8.000	13.000
Bilanzansatz 31.12.1979	20.000	72.000	92.000
AfA 1980	5.000	8.000	13.000
Bilanzansatz 31.12.1980	15.000	64.000	79.000

Bilanzstichtag	FaBil	BpBil	VU	GU
	DM	DM	DM	DM
31.12.1978	0	0	—	
31.12.1979	60.000	292.000	+ 32.000	+ 32.000
31.12.1980	45.000	79.000	+ 34.000	+ 2.000

4. Fuhrpark

Nach einkommensteuerlichen Bewertungsvorschriften muß das Konto »Fuhrpark« — auch unter Berücksichtigung der Feststellungen des Vorprüfers — wie unter »Bp« dargestellt geführt werden:

	Firma	Bp
Anschaffung 14.8.1977	60.000 DM	60.000 DM
AfA 1977 (1/2 Jahr)	6.000 DM	6.000 DM
Bilanzansatz 31.12.1977	54.000 DM	54.000 DM
Teilwertabschreibung 1978	15.500 DM	15.500 DM
laufende AfA 1978	12.000 DM	—
Bilanzansatz 31.12.1978	26.400 DM	38.500 DM
laufende AfA 1979	12.000 DM	
Bp: AfA bei 3 1/2 Jahren Restnutzungsdauer vom Restbuchwert		11.000 DM
Bilanzansatz 31.12.1979	14.500 DM	27.500 DM
laufende AfA 1980	12.000 DM	11.000 DM
Bilanzansatz 31.12.1980	2.500 DM	16.500 DM

Bilanzstichtag	FaBil	BpBil	VU	GU
	DM	DM	DM	DM
31.12.1978	26.500	38.500	+ 12.000	—
31.12.1979	14.500	27.500	+ 13.000	+ 1.000
31.12.1980	2.500	16.500	+ 14.000	+ 1.000

Nach der Gewinnformel des § 5 EStG

Betriebsvermögen am Ende des Wirtschaftsjahres
./. Betriebsvermögen am Ende des vorangegangenen Wirtschaftsjahres (Grundsatz der Bilanzidentität!)
\+ Entnahmen
./. Einlagen

= Gewinn des Wirtschaftsjahres

hätte die Erhöhung des Bilanzansatzes auf den 31.12.1978 in Höhe von 12.000 DM (von 26.500 DM nach 38.500 DM) zu einer Gewinnminderung geführt, wenn nicht eine entsprechende Erhöhung zum Ende des Wirtschaftsjahres 1979 eingetreten wäre. Die über diese kompensierende Erhöhung hinausgehende Aufstockung des Bilanzansatzes von 1.000 DM ist zugleich Mehrgewinn, der sich ertragsmäßig aus der Minderung der jährlichen Abschreibungsbeträge (11.000 DM statt 12.000 DM) herleitet.

5. Waren

Nach den Feststellungen des finanzamtlichen Betriebsprüfers sind folgende Werte zu bilanzieren:

31.12.1978:	65.000 DM
31.12.1979:	
Ansatz lt. Firmensteuerbilanz	72.000 DM
Auflösung des unzulässigen Teilwertabschlages	8.000 DM
Bp-Bilanzansatz	80.000 DM
31.12.1980:	
Ansatz lt. Firmensteuerbilanz	75.000 DM
Einem Gewinnaufschlag von 25% entspricht eine Handelsspanne von 20%	15.000 DM
Einstandspreis dieser bilanzierten Ware	60.000 DM
Einstandspreis der »vergessenen« Warenpartie	8.500 DM
Bp-Bilanzansatz	68.500 DM

Bilanzstichtag	FaBil	BpBil	VU	GU
	DM	DM	DM	DM
31.12.1978	70.000	65.000	— 5.000	—
31.12.1979	72.000	80.000	+ 8.000	+ 13.000
31.12.1980	75.000	68.500	— 6.500	— 14.500

6. Forderungen aufgrund steuerfreier Umsätze

a) Debitoren

Entwicklung der Bp-Bilanzansätze	31.12.1979	31.12.1980
	DM	DM
Ansatz lt. Firmensteuerbilanz	121.330	152.100
+ Delkredere	18.070	
	139.400	
— Darlehen (vgl. unten)	8.000	6.000
Bp-Bilanzansatz	131.400	146.100

Bilanzstichtag	FaBil	BpBil	VU	GU
	DM	DM	DM	DM
31.12.1978	117.300	108.100	— 9.200	—
31.12.1979	121.330	131.400	+ 10.070	+ 19.270
31.12.1980	152.100	146.100	— 6.000	— 16.070

b) Darlehensforderung gegenüber dem Kunden Witt

Entwicklung der Bp-Bilanzansätze:		
Hingabe des Darlehens am 4.1.1979		10.000 DM
Jahresleistung 1979	2.000 DM	
davon 5% Zinsen auf 10.000 DM für 1979	500 DM	
Tilgungsleistung 1979	1.500 DM	1.500 DM
Bilanzansatz zum 31.12.1979		8.500 DM
Jahresleistung 1980	2.000 DM	
davon 5% Zinsen auf 8.500 DM für 1980	425 DM	
Tilgungsleistung 1980	1.575 DM	1.575 DM
Bilanzansatz 31.12.1980		6.925 DM

Bilanzstichtag	FaBil	BpBil	VU	GU
	DM	DM	DM	DM
31.12.1978	0	0	0	—
31.12.1979	0	8.500	+ 8.500	+ 8.500
31.12.1980	0	6.925	+ 6.925	— 1.575

7. Delkredere

Entwicklung zum	31.12.1979				
D M	DM	DM	DM		
Debitoren			131.400		
Debitor Meier	4.000			40% =	1.600
Debitor Müller	5.500			60% =	3.300
Debitor Schulze	13.500			20% =	2.700
Debitor Schrader	10.000		33.000	35% =	3.500
Einzelwertberichtigung					11.100
intakte Debitoren			98.400		
davon 3% pauschale Wertberichtigung			2.952		2.950
Gesamtdelkredere lt. Bp zum 31.12.1979					14.050

Entwicklung zum	31.12.1980			
	DM	DM		DM
Debitoren		146.100		
Debitor Müller	4.000		80% =	3.200
Debitor Schulze	9.200		50% =	4.600
Debitor Schrader	8.000	21.200	90% =	7.200
Einzelwertberichtigung				15.000
intakte Debitoren 124.900				
davon 3% pauschale Wertberichtigung		3.747		3.750
Gesamtdelkredere lt. Bp zum 31.12.1980				18.750

Bilanzstichtag	FaBil	BpBil	VU	GU
	DM	DM	DM	DM
31.12.1978	16.465	10.835	+ 5.630	—
31.12.1979	—	14.050	— 14.050	— 19.680
31.12.1980	22.605	18.750	+ 3.855	+ 17.905

8. Gewerbesteuer-Rückstellung

Keine Änderung.

9. Private Nutzung der PKW durch die Gesellschafter

	1979	1980
Gesellschafter Ahrens:	DM	DM
AfA auf PKW	3.000	3.000
laufende Aufwendungen	5.000	4.000
gesamte Aufwendungen	8.000	7.000
30% Privatanteil	2.400	2.100
+ 13% Umsatzsteuer auf Eigenverbrauch	312	273
Mehrentnahmen = Mehrgewinn	2.712	2.373
Gesellschafter Behrens:		
AfA auf PKW	2.000	2.000
laufende Aufwendungen	4.200	4.500
gesamte Aufwendungen	6.200	6.500
30% Privatanteil	1.860	1.950
+ 13% Umsatzsteuer auf Eigenverbrauch	242	254
Mehrentnahmen = Mehrgewinn	2.102	2.204

Die Umsatzsteuer auf Eigenverbrauch erhöht die »sonstigen Verbindlichkeiten«.

10. Sonstige Verbindlichkeiten

	31.12.1979	31.12.1980
	DM	DM
Firmensteuerbilanz	1.210	1.520
Umsatzsteuer lt. Tz. 9 (aus 1979)	554	554
Umsatzsteuer lt. Tz. 9 (aus 1980)	—	527
Bp-Bilanzansatz	1.764	2.601

Bilanzstichtag	FaBil	BpBil	VU	GU
	DM	DM	DM	DM
31.12.1978	1.170	970	+ 200	—
31.12.1979	1.210	1.764	— 554	— 754
31.12.1980	1.520	2.601	— 1.081	— 527

11. Geschäftsführergehälter

Bei den Geschäftsführergehältern, die den Gesellschaftern Ahrens und Behrens gezahlt wurden, handelt es sich steuerrechtlich um Privatentnahmen und nicht um Betriebsausgaben. Arbeitsverträge zwischen einer Personengesellschaft und ihren Gesellschaftern werden steuerlich nicht anerkannt. Die gewinnmindernd gebuchten Beträge (Gehälter und Personalnebenkosten) stellen Mehrentnahmen und Mehrgewinn dar.

	1979	1980
	DM	DM
Mehrentnahme Ahrens	48.000	48.000
Mehrentnahme Behrens	42.000	42.000
Mehrentnahmen = Mehrgewinn	90.000	90.000

Für die Gesellschafter Ahrens und Behrens sind diese Mehrgewinne Vorweggewinne.

12. Kapitalverzinsung

Die Kapitalverzinsung durfte nicht über Zinsaufwendungen bzw. Zinserträge (Dorn) gebucht werden, daher:

1979:	Wenigereinlage Ahrens	10.084 DM
	Wenigereinlage Behrens	6.375 DM
	Wenigerentnahme Dorn	1.280 DM
1980:	Wenigereinlage Ahrens	8.911 DM
	Wenigereinlage Behrens	5.419 DM
	Wenigerentnahme Dorn	1.275 DM

Bei der Gewinnverteilung sind zu berücksichtigen: Wenigereinlagen = Mehrgewinne = Vorweggewinne; Wenigerentnahmen = Wenigergewinne = Vorwegverluste.

13. Einlagen

1979:	Ahrens	Behrens	Dorn	Gewinnänderung
	DM	DM	DM	DM
a) Mehreinlagen				
Tz. 2	+ 180.000			
Tz. 2	+ 3.360			
	+ 183.360			
b) Wenigereinlagen				
Tz. 2	— 4.800			
Tz. 12	— 10.084	— 6.375		
	+ 168.476	— 6.375		— 162.101
lt. FaBil	16.000	15.000	1.000	
lt. BpBil	184.476	8.625	1.000	

Gesamtbetrag der Einlagen im Wirtschaftsjahr 1979: 194.101 DM.

1980:	Ahrens	Behrens	Dorn	Gewinnänderung
	DM	DM	DM	DM
a) Mehreinlagen				
Tz. 2	+ 9.600			
b) Wenigereinlagen				
Tz. 2	— 14.400			
Tz. 12	— 8.911	— 5.419		
	+ 13.711	— 5.419		+ 19.130
lt. FaBil	17.032	14.011	2.000	
lt. BpBil	3.321	8.592	2.000	

Gesamtbetrag der Einlagen im Wirtschaftsjahr 1980: 13.913 DM.

14. Entnahmen

1979:	Ahrens	Behrens	Dorn	Gewinnänderung
	DM	DM	DM	DM
a) Mehrentnahmen				
Tz. 9	+ 2.712	+ 2.102		
Tz. 11	+ 48.000	+ 42.000		
	+ 50.712	+ 44.102		
b) Wenigerentnahmen				
Tz. 12	—	—	— 1.280	
	+ 50.712	+ 44.102	— 1.280	+ 93.534
lt. FaBil	67.148	58.100	17.227	
lt. BpBil	117.860	102.202	15.947	

Gesamtbetrag der Entnahmen im Wirtschaftsjahr 1979: 236.009 DM.

1980:	Ahrens	Behrens	Dorn	Gewinnänderung
	DM	DM	DM	DM
a) Mehrentnahmen				
Tz. 9	+ 2.373	+ 2.204		
Tz. 11	+ 48.000	+ 42.000		
	+ 50.373	+ 44.204		
b) Wenigerentnahmen				
Tz. 12	—	—	— 1.275	
	+ 50.373	+ 44.204	— 1.275	+ 93.302
lt. FaBil	72.400	63.158	16.000	
lt. BpBil	122.773	107.362	14.725	

Gesamtbetrag der Entnahmen im Wirtschaftsjahr 1980: 244.860 DM.

5.5.4 Gewinnermittlung durch Betriebsvermögensvergleich

Um das Betriebsvermögen zu berechnen, sind die Vermögens- und Schuldposten nach Feststellungen des Betriebsprüfers aufzurechnen und zum Eigenkapital (Betriebsvermögen) zu saldieren. Die Bilanzen können erst nach der Gewinnermittlung durch Betriebsvermögensvergleich, Kontrolle durch eine Mehr- und Wenigerrechnung und nach Gewinnverteilung auf die Gesellschafter und der sich anschließenden Kapitalkontenentwicklung aufgestellt werden.

Vermögensposten lt. BpBil:	31.12.1979	31.12.1980
	DM	DM
Betriebsgrundstück I (Tz. 1)	53.730	52.650
Betriebsgrundstück II (Tz. 2)		
Grund und Boden	20.000	20.000
Bürogebäude	158.933	155.733
Geschäftsausstattung (Tz. 3)	92.000	79.000
Fuhrpark (Tz. 4) — LKW —	27.500	16.500
Fuhrpark PKW (unverändert)	12.000	7.000
Darlehensforderung (Tz. 6b)	8.500	6.925
Waren (Tz. 5)	80.000	68.500
Forderungen aufgrund steuerfreier Umsätze (Tz. 6a)	131.400	146.100
Geldbestände (unverändert)	29.270	35.000
Summe der Vermögensposten	613.333	587.408
Schuldposten lt. BpBil:		
Verbindlichkeiten aus LuL (wie FaBil)	94.800	108.700
Delkredere (Tz. 7)	14.050	18.750
Sonstige Verbindlichkeiten (Tz. 10)	1.764	2.601
GewSt-Rückstellung (wie FaBil)	12.000	10.000
Summe der Schuldposten	122.614	140.051
Betriebsvermögen lt. BpBil:	490.719	447.357
	613.333	587.408

	1979	1980
	DM	DM
Betriebsvermögen am Schluß des Wj	490.719	447.357
— BV am Schluß des vorangegangenen Wj	307.195	490.719
Vermögenszuwachs	183.524	—
Vermögensminderung	—	43.362
+ Entnahmen (Tz. 14)	236.009	244.860
	419.533	201.498
— Einlagen (Tz. 13)	194.101	13.913
Gewinn lt. BpBil	225.432	187.585

5.5.5 Mehr- und Wenigerrechnung

Gewinnänderung lt.	1979		1980	
Bp-Feststellung	Mehr	Weniger	Mehr	Weniger
	DM	DM	DM	DM
Betriebsgrundstück I		6.270	120	
Betriebsgrundstück II				
Grund und Boden	20.000			
Bürogebäude	158.933			3.200
Geschäftsausstattung	32.000		2.000	
Fuhrpark LKW	1.000		1.000	
Waren	13.000			14.500
Forderungen aus LuL	19.270			16.070
Darlehensforderung	8.500			1.575
Delkredere		19.680	17.905	
Sonst. Verbindlichkeiten		754		527
Einlagen		162.101	19.130	
Entnahmen	93.534		93.302	
Summe	346.237	188.805	133.457	35.872
	188.805	←	35.872	←
Mehrgewinn lt. Bp	157.432		97.585	
Gewinn lt. FaBil	68.000		90.000	
Bp-Gewinn	225.432		187.585	

Die Gewinne laut Mehr- und Wenigerrechnung und Betriebsvermögensvergleich stimmen überein (Prinzip der Doppik!).

5.5.6 Gewinnverteilung und Kapitalkontenentwicklung

1979:	Gesamt	Ahrens	Behrens	Dorn
	DM	DM	DM	DM
Gewinn lt. Bp	225.432			
Vorweggewinne/ Vorwegverluste				
Tz. 2	– 373	373		
	225.059			
Tz. 11	– 90.000	48.000	42.000	
	135.059			
Tz. 12	– 16.459	10.084	6.375	
	118.600			
Tz. 12	+ 1.280			1.280
nach Köpfen	119.880	39.960	39.960	39.960
Gewinnanteil	225.432	98.417	88.335	38.680

1980:	Gesamt	Ahrens	Behrens	Dorn
	DM	DM	DM	DM
Gewinn lt. Bp	187.585			
Vorweggewinne/ Vorwegverluste				
Tz. 2	– 1.600	1.600		
	185.985			
Tz. 11	– 90.000	48.000	42.000	
	95.985			
Tz. 12	– 14.330	8.911	5.419	
	81.655			
Tz. 12	+ 1.275			1.275
nach Köpfen	82.930	27.644	27.643	27.643
Gewinnanteil	187.585	86.155	75.062	26.368

Der nächste Arbeitsschritt besteht darin, ausgehend von den Kapitalkonten (Stand 31.12.1978 lt. letzter Betriebsprüfung), die Kapitalkonten der Gesellschafter bis zum 31.12.1980 zu entwickeln.

Kapitalkontenentwicklung:

	Gesamt	Ahrens	Behrens	Dorn
	DM	DM	DM	DM
31.12.1978	307.195	209.595	133.000	- 35.400
Einlagen (Tz. 13)	194.101	184.476	8.625	1.000
	501.296	394.071	141.625	- 34.400
Entnahmen (Tz. 14)	236.009	117.860	102.202	15.947
	265.287	276.211	39.423	- 50.347
Gewinnanteil	225.432	98.417	88.335	38.680
31.12.1979	490.719	374.628	127.758	- 11.667
Einlagen (Tz. 13)	13.913	3.321	8.592	2.000
	504.634	377.949	136.350	- 9.667
Entnahmen (Tz. 14)	244.860	122.773	107.362	14.725
	259.772	255.176	28.988	- 24.392
Gewinnanteil	187.585	86.155	75.062	26.368
31.12.1980	447.357	341.331	104.050	1.976

5.5.7 Bp-Bilanzen

Aktiva	31.12.1979	31.12.1980
	DM	DM
Anlagevermögen		
Sachanlagen		
Betriebsgrundstück I	53.730	52.650
Betriebsgrundstück II		
Grund und Boden	20.000	20.000
Bürogebäude	158.933	155.733
Geschäftsausstattung	92.000	79.000
Fuhrpark LKW	27.500	16.500
Fuhrpark PKW	12.000	7.000
Finanzanlagen		
Darlehensforderung	8.500	6.925
Umlaufvermögen		
Waren	80.000	68.500
Forderungen aus LuL	131.400	146.100
Geldbestände	29.270	35.000
Kapital Dorn	11.667	—
Bilanzsumme	625.000	587.408

Passiva	31.12.1979	31.12.1980
	DM	DM
Eigenkapital		
Kapital Ahrens	374.628	341.331
Kapital Behrens	127.758	104.050
Kapital Dorn	—	1.976
Wertberichtigung auf Forderung	14.050	18.750
Rückstellungen für GewSt	12.000	10.000
Verbindlichkeiten		
Verbindlichkeiten aus LuL	94.800	108.700
sonstige Verbindlichkeiten	1.764	2.601
Bilanzsumme	625.000	587.408

5.5.8 Angleichungsbuchung

Diese finanzamtliche Betriebsprüfung mit den dargelegten Feststellungen und Auswirkungen kann sich in dieser Form im Laufe des Jahres 1981 abgespielt haben. Nach der Betriebsprüfung wird der Unternehmung der Betriebsprüfungsbericht zugestellt, wobei im Regelfall eine Schlußbesprechung vorausgegangen ist. Die Gesellschafter wissen also, was auf sie an Steuernachzahlungen zukommt. Unabhängig davon müssen die Werte des betrieblichen Rechnungswesens an die abweichenden Feststellungen des Prüfers angepaßt werden. Das geschieht durch eine Buchung auf den 1. Januar 1981. Die Beträge dieses Angleichungsbuchungssatzes ergeben sich als Unterschiedsbetrag zwischen dem jeweiligen Bilanzwert in der Firmensteuerbilanz auf den 31.12.1980 und der Betriebsprüfungsbilanz auf den 31.12.1980. Das soll an folgenden Beispielen aufgezeigt werden:

Das Betriebsgrundstück I wird in der Firmensteuerbilanz auf den 31.12.1980 mit 58.800 DM ausgewiesen, in der Bp-Bilanz nur mit 52.650 DM, also mit einem um 6.150 DM geringeren Wert. Daraus folgt, daß auf diesem Konto eine Habenbuchung zu erfolgen hat, um den Bilanzwert lt. FaBil an die Bp-Bilanz anzupassen. Ein weiteres Beispiel: Das Betriebsgrundstück II — hier Grund und Boden — war bislang in der Firmenbilanz nicht ausgewiesen. Es ist ein Konto hierfür einzurichten und auf den 1.1.1981 ein Betrag in Höhe von 20.000 DM (Bp-Bilanzansatz 31.12.1980) im Soll zu buchen.

Es werden also nur die Bilanzansätze in der Firmensteuerbilanz und in der Betriebsprüfungsbilanz auf den 31.12.1980 miteinander verglichen und für den Angleichungsbuchungssatz ausgewertet. Danach ergibt sich folgende Angleichungsbuchung auf den 1.1.1981:

Sachkonten	Soll	Haben
	DM	DM
Per Betriebsgrundstück II,		
Grund und Boden	20.000	
Bürogebäude	155.733	
per Geschäftsausstattung	34.000	
per Fuhrpark LKW	14.000	
per Darlehensforderung	6.925	
per Delkredere	3.855	
an Waren		6.500
an Betriebsgrundstück I		6.150
an Forderungen aus LuL		6.000
an sonstige Verbindlichkeiten		1.081
an Kapitalkonto Ahrens		183.931
an Kapitalkonto Behrens		13.748
an Kapitalkonto Dorn		17.103
Summe	234.513	234.513

In der Praxis des Rechnungswesens wird diese Angleichungsbuchung im Regelfall erst bei der Vorbereitung des Jahresabschlusses auf den 31.12.1981 vorgenommen, und zwar als eine der vorbereitenden Abschlußbuchungen. Der Grundsatz der Bilanzidentität erfordert, daß die Entwicklung der Anlage- und der Eigenkapitalkonten in dieser Bilanz mit den Werten lt. Firmensteuerbilanz vom 31.12.1980 (1.1.1981) beginnt, die Anpassung an die Betriebsprüfungsbilanz darstellt und danach die Entwicklung dieser Sachkonten zum 31.12.1981 aufzeigt. Das war in der Bilanz auf den 31.12.1979, die von der offenen Handelsgesellschaft ihrem Finanzamt als Finanzsteuerbilanz eingereicht worden war, unterblieben!

In der Bilanz der Firma Ahrens, Behrens & Co OHG auf den 31.12.1981 stellen sich die Anpassungen an die Betriebsprüfungsbilanz vom 31.12.1980 wie folgt dar:

Aktiva Bilanz der Firma Ahrens, Behrens & Co OHG Passiva auf den 31. Dezember 1981

Aktiva		DM	Passiva		DM
Betriebsgrundstück I			**Eigenkapital**		
Stand 1.1.1981	58.800		Ahrens 1.1.81	157.400	
Bp-Angleichung	6.150		Bp-Angleichg.	183.931	
	52.650			341.331	
AfA 1981		...		...	
			Behrens 1.1.81	90.302	
Betriebsgrundstück II			Bp-Angleichg	13.748	
Grund und Boden				104.050	
Stand 1.1.81	0			...	
Bp-Angleichung	20.000	20.000			
			Dorn 1.1.81	— 15.127	
Bürogebäude			Bp-Angleichg.	17.103	
Stand 1.1.81	0			1.976	
Bp-Angleichung	155.733				
	155.733				
AfA 1981	..	...			
Geschäftsausstattung					
Stand 1.1.81	45.000				
Bp-Angleichung	34.000				
	79.000				
AfA 1981	..	...			
Fuhrpark LKW					
Stand 1.1.81	2.500				
Bp-Angleichung	14.000				
	16.500				
AfA 1981	..	...			

Aktiva	Bilanz der Firma Ahrens, Behrens & Co OHG auf den 31. Dezember 1981		Passiva
		DM	DM
Darlehensforderung			
Stand 1.1.81	0		
Bp-Angleichung	6.925		
	6.925		
Tilgung 1981	..	...	

5.6 Rationalisierung der Betriebsprüfung

Im Zuge der Rationalisierung der finanzamtlichen Betriebsprüfung wird vielfach davon abgesehen, auf das Ende aller geprüften Wirtschaftsjahre eine Betriebsprüferbilanz aufzustellen. Nur noch für das letzte Prüfungsjahr — im dargestellten Fall wäre das 1980 — wird eine solche Bilanz erstellt. Auch eine Kontrolle der durch Vermögensbestandsvergleich ermittelten Gewinne bzw. Verluste durch eine Mehr- und Wenigerrechnung findet nicht in allen Fällen statt. »Die Kurzform der Betriebsprüfungsberichte, die sich auf die Wiedergabe von Berichtigungszahlen beschränkt und textlich auch zumeist nur auf Prüfungsmitteilungen während der Prüfung Bezug nimmt, hat auch keinen Raum mehr für diese Kontrollrechnung.« [1)]

Wer aber die vollständige Form des Betriebsprüfungsberichtes beherrscht, so wie im Beispiel der Firma Ahrens, Behrens & Co OHG dargestellt, für den ist auch der finanzamtliche »Kurzbetriebsprüfungsbericht« kein »Buch mit sieben Siegeln«.

1) Horst Behrens, Steuerliche Betriebsprüfung, in: Schöning-Lembcke, Handbuch der Bilanzierung, Buchführung und Kostenrechnung, a.a.O. Seite 362.

Literaturverzeichnis

1. Bähr, Gottfried, Fischer-Winckelmann, Wolf; Buchführung und Bilanzen; Betriebswirtschaftlicher Verlag Dr. Th. Gabler, Wiesbaden 1978
2. Behrens, Horst; Steuerliche Betriebsprüfung; in: Schöning, Hans-Lembcke, Rolf; Handbuch der Bilanzierung, Buchführung und Kostenrechnung; Betriebswirtschaftlicher Verlag Dr. Th. Gabler, Wiesbaden 1979
3. Busse von Colbe, Walther; Bilanzen; Betriebswirtschaftlicher Verlag Dr. Th. Gabler, Wiesbaden 1976
4. Flasse, Gunther-Gräve, Günther-Hanschmann, Rolf-Heßhaus, Werner; Buchhaltung 1 und 2; Betriebswirtschaftlicher Verlag Dr. Th. Gabler, Wiesbaden 1977
5. Hoffmann, Günther; Bilanzieren kein Problem; Rudolf Haufe Verlag, Freiburg i. Br., 4. Auflage 1979
6. Kilger, Wolfgang; Betriebliches Rechnungswesen; Betriebswirtschaftlicher Verlag Dr. Th. Gabler, Wiesbaden 1976
7. Krill-Charlier; Fremdbelege und Eigenbelege; in: Neue Wirtschaftsbriefe, Herne/Westf., o.J.
8. Maas, Ernst; Steuerliche Bilanzierungs- und Bewertungsgrundsätze; in: Schöning, Hans-Lembcke, Rolf; Handbuch der Bilanzierung, Buchführung und Kostenrechnung; Betriebswirtschaftlicher Verlag Dr. Th. Gabler, Wiesbaden 1979
9. Moxter, Adolf; Bilanzlehre; Betriebswirtschaftlicher Verlag Dr. Th. Gabler, Wiesbaden 2. Auflage 1976
10. Neue Wirtschaftsbriefe, Herne/Westf. o.J. Loseblattwerk

11. Schöning, Hans; Praktische Bilanzanalyse zur sicheren Beurteilung der Unternehmenssituation[1]; WEKA-VERLAG, Fachverlag für Verwaltung und Industrie, Kissing 1979

12. Schöning, Hans-Lembcke, Rolf; Handbuch der Bilanzierung, Buchführung und Kostenrechnung; Betriebswirtschaftlicher Verlag Dr. Th. Gabler, Wiesbaden 1979

13. Schöning, Hans-Lembcke, Rolf; Der praktische Fall; Betriebswirtschaftlicher Verlag Dr. Th. Gabler, Wiesbaden 1981

1) Dieses Buch ist unter der Bestell.-Nr. ISBN 3-8111-8770-8 über den Buchhandel, bzw. direkt beim WEKA-VERLAG, Industriestraße 21, 8901 Kissing zu beziehen.

Stichwortverzeichnis

A

B

C

D

K

L

M

N

O

P

R

S

T

U

V

W

Z